Rosemarie Franke
Ernährungsberaterin, Diätküchenleiterin

Moderne Diät bei Erkrankungen von Leber, Gallenblase und Gallenwegen

mit praktischen Rezept-Abwandlungen
für die ganze Familie

Einführung: Prof. Dr. Burkhard Kommerell,
Vorstand der Abteilung für Gastroenterologie,
Medizinische Universitätsklinik, Heidelberg

Gräfe und Unzer

Die Farbfotos gestaltete das Teubner-Studio, Füssen, die Zeichnungen Ingrid Schütz, München.

Das Titelfoto zeigt Rinderrouladen mit Gemüsefüllung (Rezept Seite 39), Broccoli (Rezept Seite 45) und Kressesalat (Rezept Seite 31).

Verlagsredaktion: Erika Freund, München.
Einbandgestaltung: Heinz Kraxenberger.
Satz und Druck: Ludwig Auer, Donauwörth
Bindung: Großbuchbinderei Monheim (Schwaben)

ISBN 3-7742-1615-0

Inhalt

Ein Wort zuvor

Wem vom Arzt Diät verordnet wurde, der empfindet dies meist als recht harten Eingriff in bisherige Lebensgewohnheiten. Ist ihm nun alles verboten? Darf Essen keine Freude mehr machen?

Gewiß legt eine Diät manche Beschränkungen auf. Denn es müssen ja die betroffenen Organe geschont und ihre Funktionen wieder normalisiert werden. Trotzdem aber kann Diät abwechslungsreich und geschmacklich reizvoll sein. Das beweist dieser Band aus der neuen Ratgeberreihe MODERNE DIÄT mit seinen ausgesuchten und gründlich getesteten Rezepten. Auch die Farbbilder zeigen es: Das ist DIÄT, DIE SCHMECKT!

Betroffen von der verordneten Diät ist nicht nur der Patient, sondern auch die kochende Hausfrau. Ihr wollten wir das Leben so leicht wie möglich machen. Vor allem soll sie nicht „doppelgleisig" kochen müssen — für den Diätbedürftigen und für die übrige Familie. So sind zwar alle Rezepte für den Diätesser bestimmt, können aber ohne viel Umstände abgewandelt werden für jene Familienmitglieder, die zum Beispiel mehr Fett essen dürfen, braune Butter und eisgekühlte Speisen lieben.

Sämtliche Zutaten sind in Gramm angegeben, denn exakte Zutatenmengen sind bei einer Diät wichtig, daneben aber auch in anderen Maßeinheiten (Tasse, Löffel).

Bei allen Rezepten sind wir davon ausgegangen, daß sie preisgünstig sein sollen und nicht viel Küchenarbeit erfordern dürfen. Wo immer das anging, wurden daher vorgefertigte oder Tiefkühlprodukte verwendet.

Tageskostpläne werden absichtlich nicht geboten, weil man sie oft als umständlich, unbequem und einengend empfindet.

Dafür wurden zu jedem Rezept die Nährstoffmengen sowie die Kalorien- und Joulewerte angegeben (die Joule sind jene Energieeinheit, die ab 1974 die Kalorie ablöst. Doch hat die Kalorie noch bis 1977 Geltung). Auf diese Weise können für jeden Tag ernährungsphysiologisch ausgewogene Mahlzeiten zusammengestellt werden, die alle wichtigen Nähr- und Wirkstoffe enthalten.

Die medizinische Einführung von Professor Dr. Burkhard Kommerell liefert zur Küchenpraxis den wissenschaftlichen „Unterbau". Hier werden Funktionen und Erkrankungsmöglichkeiten des betroffenen Organs und die Wirkungsweise der Diät erklärt.

Sicher wird jeder, der mehrere Wochen lang nach diesen Diätrezepten „bekocht" worden ist, überrascht sagen: „Diät essen macht ja Vergnügen — und es bekommt mir ausgezeichnet!"

Medizinische Einführung

von Prof. Dr. Burkhard Kommerell
Med. Universitätsklinik Heidelberg, Vorstand der Abteilung für Gastroenterologie

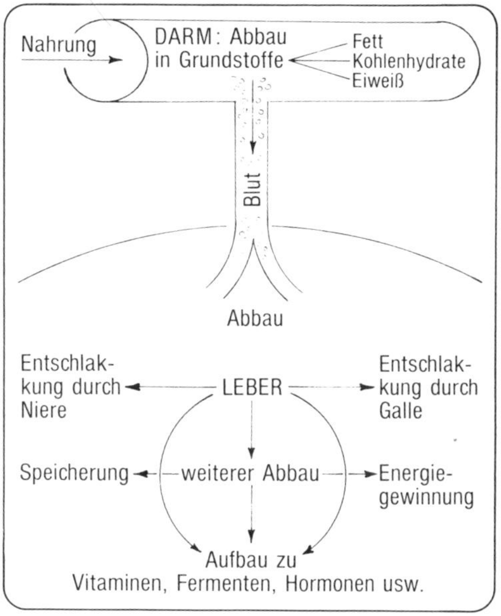

Welche Aufgaben hat die Leber?

Die meisten chemischen Umsetzungen unseres Körpers spielen sich in der Leber ab. Daher gehören ihre Aufgabenbereiche zu den kompliziertesten Funktionen des menschlichen Organismus überhaupt. Selbst bei schwerer Lebererkrankung werden diese lebensnotwendigen Stoffwechselleistungen weitgehend aufrechterhalten.

Eiweißstoffe, Fette und Kohlenhydrate werden im Darm in ihre »Bausteine« zerlegt und gelangen von dort über ein System von Blutgefäßen in die Leber. Aber nicht nur Nahrungsstoffe, sondern auch Medikamente und vom Organismus selbst gebildete Stoffe, wie zum Beispiel Hormone, werden von der Leber aufgenommen und dort zerlegt. Sind diese Substanzen in bestimmte Grundstoffe beziehungsweise Stoffverbindungen abgebaut worden, so folgt entweder eine weitere Verarbeitung oder auch ein Wiederaufbau zu für den Körper erst jetzt verwertbaren Substanzen: Fermenten, Vitaminen, Hormonen oder auch Zwischenstoffwechselprodukten, die für die Zellen notwendig sind.

Auch für den Fettstoffwechsel spielt die Leber eine entscheidende Rolle, da in ihr fettabbauende Fermente gebildet werden. Nach der Zerlegung der Fette in Fettsäuren werden diese in der Leber wieder zu sogenannten Lipoproteiden aufgebaut und dem Körper zur Verfügung gestellt.

Des weiteren dient die Leber als Speicherorgan. Die im Verdauungstrakt zu Einfachzuckern abgebauten Kohlenhydrate werden in der Leber als Glykogen gespeichert. Dieses steht dem Organismus, besonders aber auch der Leber selbst, bei Energiebedarf zur Verfügung. Zu den Aufgaben des Abbaus und Wiederaufbaus kommt somit noch die der Energiegewinnung hinzu.

Fette können ebenfalls in der Leber gespeichert werden. Bei zu starker Speicherung entsteht eine Fettleber. Da Kohlenhydrate und Alkohol auch zu Fett umgewandelt werden, kann übermäßige Zufuhr zur Fettleber führen (siehe Erkrankungen der Leber, Seite 6 f.).

Eine weitere Leberfunktion ist die der »Entgiftung« oder »Entschlackung«. Häufig handelt es sich dabei eher um einen Abräumvorgang von nicht mehr verwertbaren Stoffwechselprodukten. Einmal werden fettlösliche Stoffe durch eine chemische Umsetzung wasserlöslich gemacht, gelangen ins Blut und werden von dort über das Nierenfilter ausgeschieden. Zum anderen gelangen weitere Substanzen mit der Galle in den Darm, wo sie zum Teil erneut rückresorbiert oder auch mit dem Stuhl ausgeschieden werden.

Und schließlich hat die Leber noch die Funktion einer Drüse: sie sondert die Galle ab.

Gallenblase und Gallenwege stellen ein selbständiges System dar. Erkrankungen der Leber müssen daher nicht gleichzeitig die Gallenwege befallen und umgekehrt. Allerdings besteht eine enge anatomische und funktionelle Koppelung, so daß Erkrankungen des einen Organsystems auch Rückwirkungen auf das andere haben können.

Erkrankungen der Leber

Da schmerzleitende Fasern bei der Leber fehlen, haben die meisten Leberkranken zunächst keine stärkeren Beschwerden. Lediglich Völlegefühl oder Druck im Oberbauch stellen sich häufig ein. Diese relative Schmerzfreiheit macht Lebererkrankungen oft heimtückisch. Insbesondere die chronischen Formen gehen erst sehr spät mit Alarmzeichen wie Gelbsucht, Knöchelödemen, Hautveränderungen, Hautblutungen, Vergrößerung des Bauchumfanges, Bluterbrechen und so weiter einher. Chronisch Leberkranke kommen daher nicht selten erst spät zum Arzt. Deshalb muß auf frühe – leider oft uncharakteristische – Symptome besonders geachtet werden. Da die Energiegewinnung zu den wesentlichen Aufgaben der Leber gehört, wird eine Schädigung zu Energieverlust und damit Leistungsverminderung, zu Apathie und Müdigkeit führen. Weitere uncharakteristische Symptome sind Appetitverlust, Blähungen und oft auch Stuhlunregelmäßigkeiten.

Eine der häufigsten Infektionen des Erwachsenenalters ist nach der Tuberkulose die *akute Virushepatitis*. Übertragungsquellen sind Wasser und Nahrungsmittel wie Fisch, Muscheln und Milchprodukte. Außerdem kann auch eine Übertragung von Mensch zu Mensch durch Blut, Stuhl, Urin oder Speichel stattfinden.

Es handelt sich bei der akuten Hepatitis um eine Leberentzündung mit Zerstörung von Leberzellen. Die Krankheit beginnt häufig mit einem uncharakteristischen grippeähnlichen Vorstadium, bis sich eine Gelbsucht *(Ikterus)* entwickelt. Die Virushepatitis heilt meistens nach 2 bis 4 Monaten aus, kann aber auch monatelang in leichterer Form weiterbestehen und dann ausheilen. Seltener geht sie in eine chronische Hepatitis über, und noch seltener entwickelt sich aus solchen Hepatiden eine Leberzirrhose (Schrumpfleber).

Die *chronische Hepatitis* kann, wie gesagt, eine Virushepatitis als Ausgang haben, sie entsteht aber auch aus nicht sicher geklärten Ursachen ohne vorangegangene Virushepatitis. Schließlich kann sie auch Folge chronischen Alkoholmißbrauchs sein. Der Ablauf der alkoholbedingten Formen ist im wesentlichen davon abhängig, ob der Patient den Alkohol meidet oder weitertrinkt.

Alle Formen einer chronischen Hepatitis können nahezu ausheilen, eventuell unter Zurücklassung einer sogenannten Narbenleber. Die Gefahr eines Übergangs in eine Leberzirrhose ist hier jedoch besonders groß.

Ursache der *Leberzirrhose* (Schrumpfleber) ist auf der ganzen Welt im wesentlichen der

Alkohol. Daneben gibt es Formen, die, wie weiter oben ausgeführt, in sehr seltenen Fällen durch eine Virushepatitis, häufiger durch eine chronische Hepatitis bedingt sind. Auch eine chronische Gallengangsentzündung *(Cholangitis)* und dadurch verursachte Schädigung der Leber kann zur Leberzirrhose führen.

Bei der Leberzirrhose werden fortschreitend Leberzellen zerstört und durch Bindegewebe (Narbengewebe) ersetzt: die Leber schrumpft, wird hart. Dies hat zur Folge, daß sie ihre Funktion als »chemisches Laboratorium« des Körpers nicht mehr voll erfüllen kann, und daß außerdem der Blutdurchfluß durch die Leber beeinträchtigt wird. Dadurch wiederum kommt es zu einer Stauung im gesamten Pfortadersystem (die Pfortader ist das Blutgefäß, das das Blut aus der Bauchhöhle der Leber zuführt) und als Folge davon zu Flüssigkeitsaustritt in die Bauchhöhle (*Aszites,* Bauchwassersucht) sowie zu den bereits erwähnten Ödemen (Flüssigkeitseinlagerungen im Gewebe).

Leider entwickelt sich die Leberzirrhose über Jahre hinweg für Patient und Arzt ohne genauere Untersuchung kaum bemerkbar. Ihre Frühsymptome gleichen im wesentlichen den auf Seite 6 genannten. Wird die Leberzirrhose rechtzeitig erkannt und behandelt, dann kann das zurückbleibende Narbengewebe noch relativ gering sein und die Leberfunktion daher nicht entscheidend beeinträchtigen. Für das weitere Befinden des Erkrankten hängt sehr viel von der richtigen Ernährung ab, die das noch vorhandene Lebergewebe nicht belasten oder gar weiter schädigen darf.

Eine Lebererkrankung ist auch die *Fettleber,* die durch vermehrte Ablagerung von Fett zwischen den Leberzellen entsteht. Häufigste Ursachen sind ständiger erhöhter Alkoholkonsum, Übergewicht, möglicherweise Zuckerkrankheit *(Diabetes mellitus)* und Eiweißmangelzustände (die in Europa praktisch nicht vorkommen, häufig aber in den Entwicklungsländern).

Diätetische Maßnahmen

Bedenkt man, daß zu den Hauptaufgaben der Leber die Aufspaltung und Verarbeitung der vom Darm resorbierten Nahrungsstoffe gehört, so wird die Bedeutung einer Diät bei Lebererkrankungen ersichtlich.

Da allen Lebererkrankungen der Leberfunktionsausfall – je nach Ausdehnung der Leberschädigung – gemeinsam ist, richten sich diätetische Maßnahmen mehr nach der Schwere, als nach der jeweiligen Art der Erkrankung.

Für alle Leberkranken gilt: absolutes Alkoholverbot! Alkohol kann die Leberzelle direkt toxisch schädigen – das heißt, er wirkt als Giftstoff – und ihren Untergang bewirken. Es ist daher einleuchtend, daß bei einer erkrankten und in ihrer Funktion gestörten Leber unbedingte Alkoholabstinenz verlangt werden muß.

Dagegen ist die Zusammensetzung und Art der Nahrung bei vielen – nicht bei allen – Lebererkrankungen von untergeordneter Bedeutung. Besonders bei den leichteren und mittelschweren Formen sollten keine übertriebenen, womöglich einseitigen Diäten angestrebt werden, da dadurch eher geschadet als genützt wird. Vielmehr muß die Diät kalorisch ausreichend sein und alle Nähr- und Wirkstoffe (Vitamine, Mineralstoffe) enthalten. Durch Fasten oder eine zu stark einschränkende Diät ist die Gefahr einer weiteren Leberschädigung eher gegeben als durch kleinere sogenannte Diätfehler. Für ihren Energiestoffwechsel benötigt die Leber ein *Mindestkalorienangebot von 1500 bis 2000 Kalorien pro Tag.*

Häufig besteht bei Leberschäden Appetitmangel. Die Diät soll deshalb so schmackhaft wie möglich sein, um den Appetit des Patienten anzuregen. Die meisten Gewürze sind erlaubt; sehr empfehlenswert sind frische und getrocknete Kräuter zum Würzen.

Aufgrund moderner Forschungsergebnisse ist man davon abgekommen, das **Fett** als leberfeindlichen Nährstoff zu betrachten. Das heute überholte Prinzip der Fettrestriktion – der einschneidenden Beschränkung der Fettmenge – beruhte auf der irrigen Meinung der Leberschädlichkeit verschiedener Fette. Diese angenommene Schädlichkeit konnte in zahlreichen Versuchen nie nachgewiesen werden, und Leberkranke verschlechterten sich keineswegs, wenn die Dät mehr Fett enthielt. Extrem fettarme Nahrung hat außerdem den Nachteil, so wenig schmackhaft zu sein, daß Patienten bei Appetitmangel eher unterernährt werden.

Selbstverständlich soll der Patient sich nicht fettreich ernähren (auch dem organisch völlig Gesunden ist ja von einer zu fettreichen Nahrung abzuraten). Jedoch sind *70 bis 80 g Fett pro Tag bei leichteren Lebererkrankungen* durchaus gestattet. In schwereren Fällen wird die Abneigung des Patienten gegen Fett eine stärkere Fettzufuhr ohnehin drosseln. Man sollte daher bei *schwereren, insbesondere auch zu Beginn von akuten Lebererkrankungen das Fett auf 30 bis 50 g täglich reduzieren.*

Wenn auch heute dem Fettgehalt der Nahrung bei der Leberdiät nicht mehr die Aufmerksamkeit geschenkt wird wie früher, sollte man trotzdem sehr fettes Schweinefleisch, fette Blut- und Leberwurst, Fleischsalat, italienischen Salat, fette Saucen, Mayonnaise, Speck, Schweineschmalz, fette Brühen und in Fett Ausgebackenes (Pfannkuchen, Berliner Pfannkuchen) meiden. Diese Nahrungsmittel sind vor allen Dingen schwerer aufschließbar und für den Leberkranken daher schlecht verträglich.

Die **Kohlenhydrate** müssen nicht wesentlich eingeschränkt werden. Eine Ausnahme bilden Patienten mit *Fettleber* oder *Übergewichtigkeit.* Bei ihnen ist eine maßvolle Reduktion der Kohlenhydrate auf 150 g pro Tag anzustreben. Vor allem auf Süßigkeiten – Kuchen, Torten und so weiter – muß verzichtet werden. Zu viele Kohlenhydrate werden in der Leber in Form von Fetten gespeichert.

Wichtig ist die *richtige Auswahl der Kohlenhydrate.* Sie sollen leicht verdaulich sein, wie zum Beispiel Mehlspeisen, Hafer- und Weizenflocken, Reis, Kartoffeln, von den Brotsorten insbesondere Knäckebrot; aber auch die übrigen Brotsorten, gut abgelagert, sind erlaubt, ebenso viele Gemüse- und Obstsorten.

Bei stärkeren Blähungen sollte man auf blähende Gemüsearten (Kohl!) und auf Zwiebeln und Hülsenfrüchte verzichten.

Der **Eiweißgehalt** der Nahrung verdient bei Leberkranken besonderes Interesse, da das Eiweiß von größter Bedeutung für den Ablauf der lebensnotwendigen Vorgänge im Organismus ist. Eiweißmangel führt, wie Kriegs- und Notzeiten gezeigt haben, zu schweren körperlichen Störungen. Andererseits ist der Eiweißabbau für die Leber ein komplizierter Vorgang und bei vielen Leberkranken gestört. In diesen Fällen führt ein Zuviel an Eiweiß durch ungenügenden Abbau beziehungsweise durch teilweise Ausschaltung der Leberblutzufuhr (Pfortader) zu einer mangelnden Entgiftung. Diese Substanzen gelangen wegen der teilweisen Verlegung der Blutgefäße – bei Zirrhose – nicht mehr in die Leber, sondern über Speiseröhrenvenen und so weiter schließlich ins Gehirn, wo sie sich schädigend auswirken können. **Daher ist vor unsinnigen Eiweißmengen zu warnen!** Schon der Gesunde kann kaum mehr als 100 bis 110 g Eiweiß pro Tag verarbeiten, um wieviel weniger erst ein Patient mit einer erkrankten Leber. Wir raten heute von Quarkexzessen dringend ab. (Gegen zusätzlich 125 g Quark pro Tag neben anderen Eiweißträgern wie Fleisch, Fisch, Ei ist natürlich nichts einzuwenden.)

Schwer leberkranke Patienten sollten anfänglich nur *30 g Eiweiß pro Tag* erhalten. Mit zunehmender Besserung kann auf 50 g, später auf 70 g erhöht werden.

Bei nur leichterer Leberschädigung oder auch im Rekonvaleszentenstadium sind größere Eiweißmengen erlaubt, aber nicht mehr als 100 g pro Tag.

Eine Salzeinschränkung bei Lebererkrankungen ist nicht notwendig, solange keine Knöchelödeme oder keine Bauchwassersucht besteht. Erst wenn Wasserretention – Zurückhaltung von Wasser im Körper – auftritt, muß die Salzaufnahme vermindert werden. Hier wird der Arzt entsprechende Anweisungen geben.

Welche Aufgaben haben Gallenblase und Galle?

Das Gallensystem ist eines der Abflußsysteme der Leber. Es umgibt die Leberzellen und nimmt von dort die Galle und andere aus der Leber stammende Produkte auf. Die Galle enthält Gallenfarbstoffe, Fette, Cholesterin, Mineralien, Salze, Stoffwechselpro-

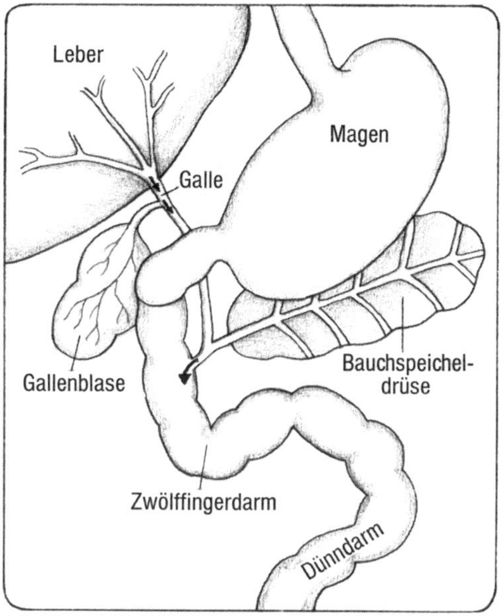

dukte von Hormonen und eventuell von Medikamenten. Teilweise werden diese Substanzen im Darm ausgeschieden, teilweise werden sie von dort auch wieder in die Leber zurückresorbiert und dem Leberstoffwechsel zugeführt.

Der Wirkungsbereich der Galle ist der Darm. Die Nahrungsfette werden nach der Aufspaltung durch die Bauchspeichelsekrete mittels der Galle in Lösung gehalten. In dieser Lösung werden die Fette im Darm weitertransportiert; sie können zum Teil nur so vorbereitet die Darmwand passieren. Ohne Galle ist die Fettresorption – die Aufnahme des gelösten Fettes durch die Darmwand – aufs schwerste gestört.

Die Sekretion der Galle aus der Leber erfolgt fortwährend. Da aber im Darm nicht ständig Bedarf an Galle besteht, wird sie in der Gallenblase angesammelt. Die Gallenblase hat also die Funktion eines Reservoirs. Gelangt Speisebrei vom Magen in den Zwölffingerdarm, so zieht sich die Gallenblase zusammen und entleert Galle in den Gallengang. Dort wiederum öffnet sich, bedingt durch die Druckerhöhung, ein kleiner Schließmuskel und läßt die Galle in den Zwölffingerdarm austreten. Reguliert wird dieses Zusammenspiel durch einen komplizierten Mechanismus, der über Nerven und Hormone gesteuert wird.

Muß die Gallenblase operativ entfernt werden – wegen eines Gallensteinleidens zum Beispiel –, so sind die Folgen nicht allzu schwer. Die Galleproduktion der Leber geht ja weiter, es fällt nur das Sammelbecken weg. Das allerdings bedeutet, daß beim Essen eine gewisse Vorsicht geübt werden muß, denn größere Mengen an Galle, wie sie etwa nach reichlichem Fettgenuß notwendig wären, stehen nun nicht mehr »auf Abruf« zur Verfügung.

Erkrankungen der Gallenblase und der Gallenwege

Gallenblase wie Gallenwege können entzündlich erkranken. Meist handelt es sich um sogenannte Begleitentzündungen bei Gallensteinleiden, Gallengangverengungen, Tumoren und anderem. Die Entzündung der Gallenblase *(Cholezystitis)* bleibt anfänglich auf den Blasenbereich beschränkt. Erste Symptome einer Gallenblasenentzündung sind Fieber, Schmerzen im rechten Oberbauch und Erbrechen.

Mit einer Entzündung der Gallengänge *(Cholangitis),* meistens als Folge von Steinen, kann auch die Leber in Mitleidenschaft gezogen werden.

Gallensteine entstehen, wenn Cholesterin oder Gallenfarbstoff auskristallisieren. Viele Menschen leben beschwerdelos mit ihren Steinen. Sitzt jedoch ein Stein in einem Gallengang fest, so kann bei einer Zusammenziehung der Gallenblase – nach einer fetten Mahlzeit zum Beispiel – die Galle nicht austreten; sie wird zurückgestaut und die Wand der Gallenblase plötzlich gedehnt. So entsteht die äußerst schmerzhafte Gallenkolik – denn die Gallenblase hat, im Gegensatz zur Leber, zahlreiche Schmerzfasern –, deren Schmerzen bis ins rechte Schulterblatt ausstrahlen können. Die Kolik ist meist begleitet von Erbrechen und Übelkeit. Häufig stellt sich Fieber ein. Auch Entzündungen der Gallenblasenwand führen meist zu Schmerzen, Übelkeit und eventuell Fieber.

Gefährlicher sind Steine, die in dem großen Gallengang vor der Einmündung in den Zwölffingerdarm liegen. Die Galle wird in diesen Fällen in die Leber zurückgestaut, und die Leber erkrankt mit. Die Folgen sind Schüttelfrost, dunkelbrauner Urin, heller Stuhl – wegen des fehlenden Gallenfarbstoffs – und Gelbsucht.

Es versteht sich von selbst, daß bei so schweren Krankheitsbildern Bettruhe eingehalten werden muß und der Arzt sofort zu rufen ist.

Diätetische Maßnahmen

Im akuten Stadium einer Gallenerkrankung ist eine sehr strenge Diät einzuhalten. Der Patient wird wegen seines Brechreizes und der Appetitlosigkeit ohnehin keine großen Nahrungsmengen aufnehmen wollen. Man verteilt daher mehrere kleine Mahlzeiten über den ganzen Tag. Der Patient muß gut kauen und langsam essen. In den ersten Tagen ist eine Kost empfehlenswert, die aus Schleimsuppen, Kartoffelbrei, Zwieback und Tee besteht. Nach einigen Tagen wird die Kost aufgebaut, doch müssen alle Speisen fettarm sein: zartes, mageres Fleisch, magerer Fisch, beides nur gekocht. Als Beilagen gibt man Reis, gekochte Kartoffeln, Nudeln und junge, zarte Gemüsesorten. Weißbrot, Magermilchprodukte und Pudding können den Nahrungsplan in den nächsten Tagen vervollständigen. Erst wenn dieser Kostaufbau gut vertragen wird, kann nach einigen Tagen die Diät weiter gelockert werden. Mageres Fleisch und magerer Fisch können nun gegrillt, gedünstet, gedämpft oder in der Folie gegart werden. Erst bei ganz normaler Kost ist auch braten wieder erlaubt (siehe auch Empfohlene Speisen, Seite 15 und Allgemeine Diätetik, Seite 14). Von Gemüsen ist nur Kohl nicht zu empfehlen, der häufig schlecht vertragen wird. Auch Salate, Obst (außer Birnen, Pflaumen, Stachel- und Johannisbeeren) und vorsichtig dosierte Gewürze sind erlaubt, ebenso abgelagertes Schwarzbrot, magere Wurst, magerer Käse, Milch, Joghurt und andere Milchprodukte. Vorsicht ist nach wie vor bei fetten Speisen geboten. Ein Diätfehler kann Ursache einer neuerlichen Gallenkolik sein.

Noch einige Wochen sollte das tägliche Fettquantum (sichtbare und unsichtbare Fette!) höchstens 70 g betragen. Eier, Bohnenkaffee, Kohlarten, Hülsenfrüchte sind noch Wochen nach der akuten Erkrankung, möglicherweise noch sehr viel länger, zu meiden. Hier wird der Patient selber sehr bald herausfinden, was ihm bekommt.

Eine gewisse Empfindlichkeit wird bei gallenkranken Patienten jahrelang bestehen bleiben. Das heißt aber nun nicht, daß sie sich – und dies betrifft ebenso Patienten mit einem chronischen Leberleiden – ins Korsett einer schematisch starren und langweiligen Diät zwängen müßten. Solche Diätformen sind überholt.

Beim Einhalten einer neuzeitlichen Leber-Gallen-Diät wird der vorliegende DIÄT-Ratgeber eine gute Hilfe sein.

Allgemeine Diätetik

Wie in der medizinischen Einführung ausführlich behandelt, hat sich in der Diät für Leber- und Gallenkranke ein Wandel vollzogen. Wichtigste Merkmale der neuzeitlichen Leber- und Gallendiät:

Das bisherige Diätschema wurde aufgegeben. Diätvorschriften richten sich nach der Schwere der Erkrankung (und können im akuten Stadium sehr streng sein). Die Dauerdiät bei chronisch Leber- und Gallenkranken jedoch unterscheidet sich nur durch wenige Gebote und Verbote von einer wünschenswerten Normalkost für Gesunde, wobei der Akzent deutlich auf »wünschenswert« liegt.

Was im allgemeinen unter Normalkost verstanden wird, enthält nämlich auch für den Gesunden zuviel Fett und Kohlenhydrate und ist meist insgesamt zu kalorienreich.

Diese Abkehr von bisherigen Diätgewohnheiten bedeutet für den chronisch Kranken, daß er sich vom »Tisch des Lebens« im wahrsten Sinn des Wortes nicht mehr ausgeschlossen zu fühlen braucht, ein nicht zu unterschätzender psychologischer Faktor.

Der Patient muß sich allerdings selbst beobachten und herausfinden, was für ihn zuträglich ist.

Die Rezepte dieses kleinen Diät-Ratgebers sind gedacht für Leber- und Gallepatienten, die entweder eine akute Erkrankung eben hinter sich haben und noch monatelang auf die erkrankt gewesenen Organe Rücksicht nehmen müssen, oder die wegen chronischer Krankheit eine Dauerdiät einhalten sollen. Es werden jedoch in diesem Kapitelchen im Anschluß an allgemeine diätetische Hinweise auch kurz gefaßte Diätvorschriften für akut Erkrankte und für schwere Krankheitsformen gegeben.

Für alle Lebererkrankungen, ob akut oder chronisch, gilt striktes Alkoholverbot!

Bei Dauerdiät nach abgeklungener akuter Hepatitis, bei chronischer Hepatitis und bei kompensierter Leberzirrhose (wobei das erkrankte Organ noch teilweise funktionstüchtig ist) muß beachtet werden:

Die Ernährung muß kalorisch ausreichend sein und alle Nähr- und Wirkstoffe enthalten (siehe darüber Kleine Ernährungslehre, Seite 17). Übergewicht und Untergewicht sind unerwünscht. Die Mahlzeiten sollen Abwechslung bieten, damit der Appetit angeregt wird.

Der Anteil an **Fett** in der Ernährung muß nicht drastisch gekürzt werden (siehe auch Medizinische Einführung, Seite 8). 70 bis 80 g pro Tag sind erlaubt. (Beispiel: 45 g Butter oder Diätmargarine oder 35 g Diätöl = 3½ Eßl., ½ l Milch, 120 g mageres Fleisch, 60 g Wurst = ca. 80 g Fett.) Fett sollte in Form von Streichfetten und Ölen verwendet werden, die einen hohen Anteil an mehrfach ungesättigten Fettsäuren aufweisen (siehe Seite 15). Auch Butter ist erlaubt (nicht empfehlenswerte Fettarten siehe Seite 15).

An **Eiweiß** sollte höchstens 100 g pro Tag gegeben werden. (Beispiel: ½ l Milch, 1 Ei, 150 g mageres Fleisch, 50 g Käse, 60 g gekochter Schinken, 200 g Kartoffeln, 200 g Brot, 250 g Gemüse, 250 g Obst = ca. 100 g Eiweiß.) Eine extrem eiweißreiche Kost ist überflüssig (siehe Medizinische Einführung Seite 8 f.). Die Eiweißzufuhr sollte keineswegs einseitig aus Quark bestehen, sondern sich aus einer ausgewogenen Mischung von Fleisch-, Fisch-, Ei- und Milcheiweiß sowie pflanzlichem Eiweiß zusammensetzen.

Die **Kohlenhydrate** sollten etwas eingeschränkt werden, weil ein zu hoher Kohlenhydratkonsum die Bildung von Fettzellen in der Leber begünstigen würde. Etwa 200 g Kohlenhydrate sind erlaubt. (Beispiel: 200 g

Brot, 200 g Kartoffeln, 20 g Zucker, 25 g Marmelade, 250 g Gemüse, 250 g Obst = ca. 200 g Kohlenhydrate.) Vor allem muß hier eine Auswahl getroffen werden. Haushaltszucker und zuckerhaltige Nahrungsmittel kann man weitgehend vom Speisezettel streichen, weil Zucker nur »leere« Kalorien liefert und ein Vitamin-B-Räuber ist; dagegen sind Reis, Kartoffeln, Haferflocken, abgelagerte Brotsorten wünschenswert.

Der **Vitaminbedarf** ist wie bei jeder Erkrankung erhöht. Täglich ein- bis zweimal sollte Frischkost gegeben werden als Salat, Gemüsesalat und Obst, außerdem frische Obst- und Gemüsesäfte (über die richtige Auswahl von Obst und Gemüse siehe Seite 16). Ausgezeichnete Vitaminträger sind Bierhefe (Flocken und Extrakt) und Weizenkeime. Sie enthalten gerade jene Vitamine, die in der Normalkost meist nicht so reichlich vertreten sind (Vitamine der B-Gruppe, die Vitamine E und K und die Provitamine D_2 und A).

Obst kann auch als Kompott gegeben werden, gesüßt mit Zucker und Fruchtzucker, bei Übergewicht mit Süßstoff.

Die geeignetsten Gartechniken sind für Fleisch und Fisch: grillen, dünsten, garen in der beschichteten Pfanne, in der Alufolie, der Braten-Klarsichtfolie oder im Tontopf. Für Gemüse: dünsten und dämpfen.

Ratsam ist es, die tägliche Kalorienmenge auf 5 bis 6 kleine Mahlzeiten zu verteilen.

Die Speisen sollen nicht zu heiß und nicht zu kalt sein. Auf gutes Kauen und langsames Essen muß geachtet werden.

Erfahrungsgemäß *schlecht vertragen* werden:

fettes Fleisch, fette Wurst, fetter Fisch, fette Saucen, panierte, in Fett gebratene Gerichte und in schwimmendem Fett Ausgebackenes; starker Bohnenkaffee, wegen der Säure und anderer Begleitstoffe; Kohlarten – in Fett geschmort, als Rohkost meist verträglich –, Hülsenfrüchte und Zwiebeln, weil sie beim Verdauungsvorgang schwer aufzuschließen sind (auch für organisch Gesunde!) und Blähungen verursachen; frisches Brot (siehe auch Seite 16, nicht empfehlenswerte Nahrungsmittel).

Zusammenfassend läßt sich zur Diät bei chronischen Lebererkrankungen sagen:

- Keine Hungerrationen, sondern ausreichende Kalorienzufuhr! Dabei Vermeidung von Über- und Untergewicht.
- Die Kost muß alle Nährstoffe in ausgewogener Mischung enthalten und besonders vitaminreich sein.
- Starke Einschränkung des Fettverzehrs ist unnötig. Auf die Auswahl der Fette muß geachtet werden.
- Übermäßige Eiweißzufuhr ist überflüssig. 100 g pro Tag sind ausreichend.
- Auf bestimmte Nahrungs- und Genußmittel und einige Zubereitungsarten muß verzichtet werden.

Bei *akuter Hepatitis* (Leberentzündung) und bei *Ikterus* (Gelbsucht) als Folge einer Hepatitis werden in der ersten Krankheitsphase, sofern der Patient an Brechreiz, Appetitlosigkeit und Widerwillen gegen Fett leidet, nicht nur das Fett, sondern die Gesamtkalorienzahl reduziert. Nach Abklingen der akuten Symptome geht man zur Diät bei chronischen Lebererkrankungen über.

Bei *dekompensierter Leberzirrhose* (das heißt, wenn die Funktion der Leber infolge Zerstörung des Lebergewebes stark nachläßt) ist der Eiweißabbau und damit ein Teil der Entgiftungsfunktion der Leber schwer gestört, so daß es zu einer starken Erhöhung der Eiweißabbauprodukte im Blut kommt. Man wird daher in der Diät täglich nur 20 bis 30 g tierisches Eiweiß geben; die besten Eiweißlieferanten sind das Milch- und das Eieiweiß.

Bei *sehr schweren Lebererkrankungen* wird überhaupt keine Eiweißnahrung mehr gegeben; man deckt den Energiebedarf mit Kohlenhydraten und Fetten.

Die *Fettleber* behandelt man heute nicht mehr mit einer fettarmen Diät, sondern mit einer Kost, die eiweißreich und fettangereichert ist, aber Kohlenhydrate reduziert. Entscheidend ist allerdings, daß nur Fette mit einem hohen Anteil an mehrfach ungesättigten Fettsäuren verwendet werden, die wegen ihrer chemischen Struktur den Abbau körpereigenen Fettes anzuregen vermögen. Kohlenhydrate dagegen werden im Körper zu Fett umgewandelt und gespeichert, wenn der Normalbedarf (5 g pro kg Soll-Körpergewicht) überschritten wird. Damit ist natürlich auch eine weitere Zunahme der Fettzellen in der Leber verbunden.

Bei chronischen Erkrankungen der Gallenblase und der Gallenwege gibt es eine Diät, wie sie bisher üblich war, nicht mehr.
Die Kost soll vollwertig, gemischt und leicht verträglich sein. Sie muß Rücksicht nehmen auf die individuelle Unverträglichkeit bestimmter Nahrungsmittel. Die tägliche Nahrungsmenge verteilt man auf 5 bis 6 kleine Mahlzeiten. Alkohol muß nicht grundsätzlich gemieden werden, außer, wenn auch die Leber miterkrankt ist. Auf konzentrierten Alkohol (Schnaps) sollte man allerdings besser verzichten. Auch Kaffee ist nicht grundsätzlich verboten. Spezialkaffeesorten werden meist gut vertragen.

Meiden sollte man die nachfolgenden Speisen, die so gut wie immer Beschwerden hervorrufen: größere Fettmengen; scharf gebratenes Fleisch; Fleisch, Fisch und Wurst mit hohem Fettgehalt; harte Eier; Zwiebeln; Nahrungsmittel, die sich beim Garvorgang stark mit Fett vollgesogen haben (in Fett Ausgebackenes, panierte, in Fett gebratene Gerichte); sehr kalte Speisen und Getränke in größeren Mengen.

Von vielen Patienten schlecht vertragen werden: Kohlarten, vor allem mit Fett geschmort (als Rohkost meist gut verträglich), Hülsenfrüchte, frisches Brot, frisches Backwerk aus Hefeteig, fette und zugleich süße Gerichte, sehr scharfer, reichlich verwendeter Essig (aus Essenz!).

Hier muß der Patient sich selbst beobachten und herausfinden, was ihm zuträglich ist und was nicht. Abneigung gegen bestimmte Nahrungsmittel und Gerichte kann als ein Zeichen dafür gelten, daß sie schlecht verträglich sind.

Zusammenfassend sei gesagt:

- Bei *chronischen Gallenleiden* ist die Ernährung weitgehend einer wünschenswerten vollwertigen Normalkost angeglichen, unter Berücksichtigung der Unverträglichkeit verschiedener Nahrungsmittel und Zubereitungsarten, die individuell verschieden sein wird.

Bei einer *akuten Erkrankung der Gallenblase oder der Gallenwege* muß selbstverständlich eine strenge Diät eingehalten werden. Zunächst wird gefastet, dann Tee, Zwieback und Schleimsuppe gegeben und später ein allmählicher Aufbau der Kost vorgenommen (siehe Medizinische Einführung, Seite 10 f.).

Dann kann man auf die bei *chronischen Gallenerkrankungen* empfohlene Kost übergehen.

Diätkompaß

Wenn Sie häufig im Gasthaus essen müssen und gezwungen sind, aus einer vielleicht recht umfangreichen Speisekarte das für Sie Bekömmliche auszuwählen, dann empfiehlt es sich, diese Liste herauszulösen und in Brief- oder Handtasche zu verwahren, damit Sie sich jederzeit schnell orientieren können. Noch besser – weil für das Buch schonender – wäre es allerdings, wenn Sie diese Seiten ablichten ließen.

	empfehlenswert	nicht empfehlenswert
Fleisch, Geflügel, Wild	Kalb, Rind (mager), Schweinefilet, Lamm, Tatar, Herz, Nieren, Hirn, Bries, Leber, Zunge, Huhn, Hähnchen, Poularde, Pute, Taube, Fasan, Wildente, Kaninchen, Hase, Reh, Hirsch, Wildschwein	fettes Fleisch von Rind, Schwein, Hammel, stark gepökeltes Fleisch, scharf gebratenes Fleisch, panierte, in Fett ausgebackene oder gebratene Fleischstücke, fettes Geflügel (Ente, Gans)
Suppen, Saucen	magere Fleischbrühe, Gemüsebrühen, leicht gebundene Suppen	fette Fleischbrühe, Mayonnaise, Buttersaucen (Sauce Hollandaise, Sauce béarnaise)
Streichfette, Öle	Butter, Pflanzenmargarine mit einem hohen Anteil an mehrfach ungesättigten Fettsäuren und Pflanzenöle mit einem hohen Anteil an mehrfach ungesättigten Fettsäuren (Sonnenblumenöl, Safloröl, Maiskeimöl)	Schweineschmalz, Talg, Speck
Fisch, Schaltiere	Schellfisch, Rotbarsch, Seelachs, Kabeljau, Flunder, Scholle, Seezunge, Forelle, Hecht, Schleie, Krabben, Hummer, Krebse, Fischsülze, frischer Thunfisch	Karpfen, Hering, Aal, Makrele, Lachs, Heilbutt, Steinbutt, Thunfisch in Öl, Ölsardinen, Räucheraal
Kartoffeln, Beilagen	Pellkartoffeln, Salzkartoffeln, Kartoffelpüree, Kartoffelklöße aus gekochten Kartoffeln, Reis, Teigwaren	Pommes frites, Kartoffelsalat mit Mayonnaise, Kartoffelpuffer, stark geröstete Bratkartoffeln
Gemüse, Salat	junge Möhren, junge Kohlrabi, Spargel, Broccoli, Blumenkohl, Prinzeßbohnen, Spinat, Sauerkraut, junge Erbsen, Rettich, Rosenkohl, rote Bete, Sellerie, Tomaten ohne Haut, Gurken als Gemüse, Champignons, Chicorée, Kresse, Kopf-, Feld-, Eis- und Endiviensalat, alle Salate mit gutem Weinessig oder mit Zitrone angemacht	Zwiebeln, roh oder in Fett gebräunt, Hülsenfrüchte, grobe Kohlarten (Weißkohl, Rotkohl, Wirsing) vor allem in Verbindung mit Zwiebeln, Fett und fettem Fleisch

	empfehlenswert	nicht empfehlenswert
Eierspeisen	weiche und verlorene Eier, Eierstich, Schaumomelette, lockeres Rührei, Ei zum Legieren von Suppen, Saucen, Süßspeisen und Aufläufen	hartgekochte Eier, Spiegel- und Rühreier mit Speck
Milch, Milchprodukte	Vollmilch, Magermilch, Buttermilch (jeweils bis zu 1/2 l täglich), Sauermilchprodukte, Joghurt, Quark und Käse bis zu 30% Fett i. Tr., saure Sahne mit 10%, Kondensmilch mit 7,5% Fett	sehr fetthaltiger Käse, stark gewürzte Käsesorten
Getreide, Stärkeerzeugnisse	Mehl, Stärkemehl, Hafer- und Weizenflocken, Reis, Grieß, Sago, Puddingpulver, Teigwaren, Weizenkeime, Cornflakes	
Brot, Gebäck	altbackenes Weißbrot, Toast, Zwieback, Knäckebrot, gut ausgebackenes, abgelagertes Mischbrot, Grahambrot, Vollkornbrot, abgelagerter Hefekuchen, Rührkuchen, Biskuitkuchen, Obstkuchen, Honigkuchen, Kekse	frisches Brot, Torten, Blätterteig-Pasteten, in schwimmendem Fett Ausgebackenes (Krapfen, Berliner Pfannkuchen, Kirchweihnudeln)
Zucker, Süßwaren	Haushaltzucker, Fruchtzucker, Traubenzucker, Bienenhonig, Gelee, Marmelade	konzentrierte Süßwaren (Bonbons, Schokolade, Pralinen)
Obst	Äpfel, Birnen (beides geschält), Bananen, Orangen, Mandarinen, Grapefruit, Erdbeeren, Himbeeren, Heidelbeeren, Brombeeren, Melonen, Pfirsiche, Aprikosen.	unreifes Obst, Pflaumen, Stachelbeeren und Johannisbeeren, Äpfel und Birnen mit Schale
Gewürze, Würzsaucen, Kräuter	Kümmel, Anis, Fenchel, Nelken, Zimt, Muskat, Lorbeerblätter, Wacholderbeeren, Piment- und Pfefferkörner, Tomatenmark, Tomatenketchup. Bei Verträglichkeit auch Curry- und Chilipulver, Knoblauch-, Zwiebel- und edelsüßes Paprikapulver, alle Würzkräuter	scharfer Senf, Pfeffer, Rosenpaprika, englische Saucen, Essig aus Essenz
Getränke	schwarzer Tee, Bohnenkaffee (nach Verträglichkeit), Obst- und Gemüsesäfte, Milchmixgetränke, Milchkakao, Kräutertees, Mineralwasser ohne künstlichen Kohlensäurezusatz	**Bei Lebererkrankungen ist jeder Alkohol verboten!** starker Bohnenkaffee, kohlensäurehaltige Getränke

Kleine Ernährungslehre

Unsere Nahrungsmittel bestehen aus den energieliefernden
Nährstoffen: Eiweiß, Fett und Kohlenhydrate und aus den
Wirkstoffen: Vitamine, Mineralstoffe und Spurenelemente.

Das **Eiweiß** dient in erster Linie als Baustoff und zur Erhaltung der Körperzellen. Erst in zweiter Linie wird es als Energiequelle verwendet. Der gesunde Erwachsene braucht pro Tag mindestens 1 g Eiweiß pro kg Soll-Körpergewicht (Soll-Körpergewicht: Körpergröße in cm minus 100 = Körpergewicht in kg, davon minus 10%). Die tägliche Eiweißzufuhr sollte zu einem Drittel, besser bis zur Hälfte tierischer Herkunft sein.
Tierisches Eiweiß ist überwiegend in Trinkmilch, Magermilch, Dickmilch, Joghurt, Quark, Käse, Fleisch, Fisch und im Ei enthalten.
Pflanzliches Eiweiß findet man in Kartoffeln, Getreideerzeugnissen und Hülsenfrüchten.

Fett ist unter den Nährstoffen die stärkste Energiequelle. Die Art des Fettes wird durch die gesättigten und die mehrfach ungesättigten Fettsäuren bestimmt. Der Tagesbedarf an Fett für einen gesunden Erwachsenen beträgt 1 g pro kg Soll-Körpergewicht. **Sichtbare** Fette sind Koch- und Streichfette wie zum Beispiel Butter, Margarine, Schmalz, Öl und Speck.
Unsichtbares oder **verstecktes** Fett findet man im Fleisch, in der Wurst, in fetten Fischsorten, in Milch, Käse, Eiern und Nüssen.

Die **Kohlenhydrate** zählen ebenfalls zu den energieliefernden Nährstoffen. Der Tagesbedarf an Kohlenhydraten für einen gesunden Erwachsenen beträgt 5 g pro kg Soll-Körpergewicht. Als Kohlenhydrate bezeichnet man den Zucker, die Stärke und die Zellulose. Die letztere ist unverdaulich. Sie sind in folgenden Nahrungsmitteln enthalten: im Zucker, im Honig, in der Marmelade, in allen Getreideerzeugnissen (Brot, Haferflocken, Nudeln, Grieß, Reis), in den Kartoffeln und im Obst. In kleineren Mengen kommen die Kohlenhydrate in der Milch und im Gemüse vor. Auch Liköre, Limonade, Obstsäfte und Bier sind kohlenhydrathaltig.

Die **Zellulose** ist ein Ballaststoff und wird vom Körper nicht verdaut. Pflanzliche Nahrungsmittel wie Obst, Gemüse, Vollkornerzeugnisse und Hülsenfrüchte enthalten reichlich Zellulose. Sie füllt den Darm und regt dadurch die Darmtätigkeit an.

Die **Wirkstoffe** (Vitamine, Mineralstoffe, Spurenelemente) sind für die Funktionen des menschlichen Organismus unentbehrlich.

Die **Vitamine** werden eingeteilt in
a) die fettlöslichen Vitamine A, D, E, K, die in fetthaltigen Nahrungsmitteln enthalten sind. Nur die Vorstufe des Vitamin A, das Carotin, findet man in pflanzlichen Nahrungsmitteln (Obst und Gemüse).
b) die wasserlöslichen Vitamine C und die der B-Gruppe. Vitamin C ist vor allem in den Citrusfrüchten, im Beerenobst, aber auch in vielen Obst- und Gemüsesorten enthalten. Die Vitamine der B-Gruppe sind in pflanzlichen und tierischen Nahrungsmitteln enthalten.

Zu den **Mineralstoffen** gehören Calcium, Kalium und Natrium. Bei einer abwechslungsreichen gemischten Kost ist der Mineralstoffbedarf gedeckt. Zu empfehlen ist täglich 1/2 l

Milch (Butter- oder Magermilch) wegen des hohen Gehaltes an Calcium (und natürlich an hochwertigem Eiweiß).

Zu den **Spurenelementen** zählen Eisen, Jod und Fluor. Auch hier deckt eine vollwertige und abwechslungsreiche Kost den Bedarf.

Das **Wasser** ist für den menschlichen Organismus ebenfalls von Bedeutung. Es dient zum Beispiel als Lösungs- und Transportmittel der Nährstoffe im Blut. Der Mensch braucht täglich etwa 2 l Flüssigkeit, davon 1 l Trinkflüssigkeit.

Zu den **Geschmacks- und Duftstoffen** zählen die Gewürze. Auch sie sollten in unserer täglichen Kost nicht fehlen, denn sie regen den Appetit an, sorgen für guten Speichelfluß und damit für eine bessere Bekömmlichkeit der Nahrung.

Kalorie und Joule

Der Kalorienbedarf richtet sich nach Geschlecht, Alter, Körpergröße und Arbeitsleistung.

Als Kalorie (Kilokalorie = kcl) bezeichnet man die Wärmemenge, die benötigt wird, um 1 l Wasser um 1° zu erwärmen, genauer gesagt, die Wassertemperatur von 14,5° C auf 15,5° C zu erhöhen. Durch die mit der Nahrung aufgenommenen Nährstoffe findet im Organismus eine Verbrennung statt. Dieser Vorgang setzt Energie frei, und die wiederum wird in Kalorien gemessen.

1974 wird die Kalorie vom Joule (gesprochen Dschul) abgelöst, doch hat sie noch bis 1977 Gültigkeit. Die internationale Maßeinheit Joule ist auf der Energie des elektrischen Stroms begründet. Sie wurde nach dem englischen Physiker J. P. Joule benannt.

So sieht die Umrechnung von einer Energieeinheit in die andere aus:

1 Kilokalorie (kcl) = 4,186 Kilojoule (kj)

Im Durchschnitt liefert:

1 g Eiweiß = 4,1 Kalorien = 17,2 Joule
1 g Fett = 9,3 Kalorien = 38,9 Joule
1 g Kohlenhydrat = 4,1 Kalorien = 17,2 Joule
1 g Alkohol = 7,0 Kalorien = 29,3 Joule

Tips für die Diätküche

Die geeignetsten Gartechniken bei der Leber-Galle-Diät sind für Fleisch und Fisch: grillen, garen in der beschichteten Pfanne, in der Alufolie, der Braten-Klarsichtfolie oder im Tontopf. Beim Schmoren, Braten und Dünsten kommen Sie dabei mit einer geringen Fettmenge aus, und die Geschmacksstoffe bleiben voll erhalten.

Frischkost, Gemüsegerichte, Obst- und Gemüsesäfte spielen in dieser Diät eine große Rolle. Darum sollten Sie sich schnell die Regeln für die Behandlung von Obst und Gemüse ins Gedächtnis rufen:

Frische Salate und Gemüse nur kurze Zeit aufbewahren, entweder im Gemüsefach des Kühlschranks oder in einer luftigen Vorratskammer. Geputzt, gewachsen und zerkleinert wird das Gemüse nach Möglichkeit erst unmittelbar vor der Zubereitung. Geputztes Gemüse und geschälte Kartoffeln nur kurz kalt waschen oder abbrausen, niemals im Wasser liegenlassen. Die wasserlöslichen Vitamine und Mineralstoffe werden sonst herausgeschwemmt. (Ausnahme: Blumenkohl. Ihn muß man für etwa 15 Minuten in Salzwasser legen, damit sich alle Schmutzteilchen aus den Röschen lösen können.) Salat wird nach dem gründlichen Waschen in einem Tuch oder im Salatwäscher trockengeschwenkt.

Kann zerkleinertes Gemüse nicht sofort gegart werden, bewahrt man es zugedeckt kühl auf. Dasselbe gilt für gehackte oder fein geschnittene Kräuter. Unter Sauerstoff- und Lichteinwirkung verringert sich der Vitamingehalt rapide!

Obst- und Gemüsesäfte preßt man erst kurz vor dem Trinken aus. Muß man sie aufbewahren, dann zugedeckt und kühl.

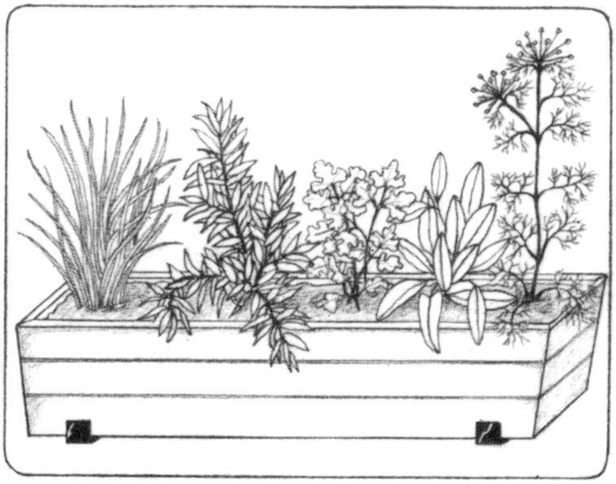

Vergessen Sie nie, den Topf, in dem Gemüse gegart wird, zuzudecken, und vermeiden Sie häufiges Umrühren. Das Vitamin C und die meisten Vitamine der B-Gruppe sind empfindlich gegen Sauerstoff beziehungsweise gegen Sauerstoff, Licht und Hitze. Deshalb sollten Sie Gemüse und Obst nicht unnötig der Sonne, der Luft und der Hitze aussetzen, um Vitaminverluste zu vermeiden.

Auch zu langes Warmhalten reduziert den Vitamingehalt.

Vorteilhaft ist eine Gartechnik, bei der alle Wirkstoffe – Vitamine und Mineralstoffe – weitgehend erhalten bleiben: kurzes Dünsten mit wenig Wasserzugabe. Besonders geeignet ist auch das Dämpfen im Siebeinsatz (zum Beispiel für Kartoffeln und Blumenkohl). Die zum Dämpfen benötigte geringe Flüssigkeitsmenge sollten Sie weiterverwenden für eine Suppe oder Sauce.

Kochen Sie Gemüsegerichte nicht zu reichlich. Aufgewärmtes Gemüse ist praktisch ohne Wirkstoffe. Läßt sich Aufwärmen einmal nicht vermeiden: schonendes Erwärmen im Wasserbad! Und vor dem Auftragen frische, fein gehackte Kräuter oder rohes, fein zerkleinertes Gemüse untermischen.

Übrigens gewinnt so ziemlich jedes Gericht durch die Zugabe frischer Kräuter. Auch wenn Sie keinen eigenen Garten haben: Auf dem Balkon oder am Küchenfenster läßt sich in Blumentöpfen oder -kistchen ein »Kräuterbeet« anlegen.

Die Geräte, die für die Diätküche gebraucht werden oder empfehlenswert sind, gehören wahrscheinlich bereits zu Ihrer Küchenausrüstung: beschichtete Pfannen und Töpfe, eine Tonform, Mixgerät, Tischgrill, vielleicht auch ein Entsafter. Besitzen Sie noch keinen, sollten Sie seine Anschaffung überlegen. Sie lohnt sich, wenn in Ihrer Familie viel Säfte getrunken werden, und nicht nur vom Diätbedürftigen.

DIE REZEPTE

Vor dem Start zu lesen

Wie benutzt man dieses Buch?

Natürlich sind in einem Kochbuch die Rezepte das Wichtigste. Bei diesem Bändchen handelt es sich aber nicht nur um eine Rezeptsammlung, sondern darüber hinaus um einen Ratgeber in Diätfragen. Deshalb sollten Sie sich unbedingt die kleine Mühe machen, alle Kapitel aufmerksam durchzulesen. Wer über die Nährstoffe genau Bescheid weiß, wer sich mit der Funktion des gesunden und des kranken Organs vertraut gemacht hat und versteht, warum jenes schadet, dieses nützt, dem leuchten diätetische Vorschriften ohne weiteres ein. Vermutlich wollen Sie nicht ständig nach den Rezepten dieses Buches kochen. Kennen Sie das Grundsätzliche einer Diät, das »worauf's ankommt«, dann können Ihnen auch ohne die Hilfen von Diätrezepten keine schweren Fehler unterlaufen. Und darum sei Ihnen die Lektüre des *ganzen* Buches nochmals ans Herz gelegt.

Nährstoffangaben

Bei der Leber-Galle-Diät sollen pro Tag nur bestimmte Höchstmengen an Eiweiß, Fett und Kohlenhydraten verzehrt werden (siehe Allgemeine Diätetik, Seite 12 f.). Dabei helfen Ihnen die Nährstoffangaben, die jeweils unter den Zutaten verzeichnet sind. Wenn Sie den Speiseplan für einen Tag aufstellen, brauchen Sie nur die einzelnen Nährstoffe getrennt zusammenzuzählen und darauf zu achten, daß die erlaubten Mengen nicht überschritten werden.

Die *Nährstoffberechnung* geht vom eßbaren Teil der Nahrungsmittel aus.

Diätfette

In den Rezepten wird der Einfachheit halber nur von »Diätöl« oder »Diätmargarine« gesprochen. Gemeint sind damit alle Fettarten, die einen besonders hohen Anteil an mehrfach ungesättigten Fettsäuren aufweisen (siehe Diätkompaß: empfehlenswert, Seite 15). Alle Diätfette dürfen nur kurz erhitzt werden. Bei starkem Erhitzen verändert sich *jedes* Fett chemisch; Diätfette aber werden dadurch wirkungslos und können ihre Funktion, den Abbau körpereigenen Fettes anzuregen, nicht mehr erfüllen.

Mengenangaben

Bei allen Rezepten sind die Mengen so angegeben, daß Sie auch ohne Waage auskommen. Besser ist es, wenn Sie sich trotzdem eine Diätwaage anschaffen und wenigstens einmal Scheiben von Wurst, Käse, kaltem Braten und ähnlichem abwiegen. Vielleicht pflegen Sie sehr viel dicker zu schneiden. Dann aber stimmen Kalorien und Nährstoffe nicht mehr mit den Angaben im Rezept überein. Ein »gestrichener« Eß- oder Teelöffel Butter oder Margarine muß wirklich mit dem Messer glattgestrichen werden, damit die Fettmenge nicht zu reichlich ausfällt.

»Abwandlung für die übrige Familie«

Nehmen Sie jeweils erst die Diätportion weg. Der Rest des Gerichts wird dann stärker gewürzt, zusätzlich mit Fett angereichert oder kalt gestellt.

Frühstück

Nachstehend machen wir Ihnen einige Vorschläge für ein ausgewogenes, vollwertiges Frühstück. Damit Sie aber nicht auf diese wenigen Vorschläge festgelegt sind, folgt eine Aufstellung von Getränken und Nahrungsmitteln, jeweils mit Nährstoff- und Kalorienangaben, aus denen Sie auswählen und sich ein Frühstück nach eigenem Geschmack zusammenstellen können.

Frühstück 1

Pro Person: 250 g (1/4 l) Trinkmilch mit 3,5% Fett · 20 g Getreideflocken (2 Eßl.) Hafer- oder Weizenflocken oder (5 gehäufte Eßl.) Cornflakes · 5 g Frucktzucker oder Zucker (1 Teel.)

Nährwert: Eiweiß 12 g, Fett 10 g, Kohlenhydrate 30 g, Kalorien 265, Joule 1009.

Frühstück 2

Pro Person: 2 Tassen Kaffee oder Tee 10 g Zucker oder Fruchtzucker (2 Teel.) 10 g Kondensmilch mit 7,5% Fett (2 Teel.) 40 g Vollkornbrot (1 Scheibe) · 40 g Brötchen (1 Stück) · 20 g Diätmargarine oder Butter (4 gestrichene Teel.) · 25 g Schnittkäse mit 30% Fett i. Tr. (1 Scheibe) 60 g (1 weichgekochtes) Hühnerei · 10 g Gelee (1 Teel.)

Nährwert: Eiweiß 20 g, Fett 27 g, Kohlenhydrate 59 g, Kalorien 596, Joule 2493.

Frühstück 3

Pro Person: 1 Portion Müsli (Rezept Seite 26) · 1 Glas Orangensaft (Rezept Seite 61) 1 Tasse Kaffee oder Tee · 5 g Zucker oder Fruchtzucker (1 Teel.) · 5 g Kondensmilch mit 7,5% Fett (1 Teel.) · 10 g Knäckebrot (1 Scheibe) · 5 g Diätmargarine oder Butter (1 gestrichener Teel.) · 30 g (1/4 Stück) Camembert mit 30% Fett i. Tr.

Nährwert: Eiweiß 8 g, Fett 8 g, Kohlenhydrate 15 g, Kalorien 170, Joule 709.

Frühstück 4

Pro Person: 2 Tassen Milchschokolade aus: 250 g Trinkmilch (2 Tassen = 1/4 l) und 10 g gesüßtem Schokoladenpulver (2 Teel.) 40 g Mischbrot (1 Scheibe) · 10 g Knäckebrot (1 Scheibe) · 10 g Diätmargarine oder Butter (2 gestrichene Teel.) · 30 g Corned beef (1 Scheibe) · 60 g (1 mittelgroße) Tomate

Nährwert: Eiweiß 22 g, Fett 22 g, Kohlenhydrate 48 g, Kalorien 493, Joule 2063.

Alle Kaffee- und Teesorten haben, wenn sie ohne Zucker und Milch getrunken werden, keinen Nährwert, sind also kalorienfrei.

Jedes Frühstück kann durch Obst der empfohlenen Sorten ergänzt werden.

Nahrungsmittel und Getränke, mit denen Sie sich ein Frühstück nach eigenem Geschmack zusammenstellen können.

	Eiweiß	Fett	Kohlenhydr.	Kalorien	Joule
10 g Fruchtzucker (2 Teel.)	—	—	10 g	40	167
10 g Zucker (2 Teel.)	—	—	10 g	39	165
10 g Bienenhonig (1 Teel.)	—	—	8 g	30	128
10 g Kondensmilch mit 7,5% Fett (2 Teel.)	1 g	1 g	1 g	14	57
10 g Trinkmilch mit 3,5% Fett (1 Eßl.)	—	—	1 g	7	28
10 g Zitronensaft (2 Teel.)	—	—	1 g	2	9
1 Glas Trinkmilch (1/4 l) mit 3,5% Fett (250 g = 1/4l)	9 g	9 g	12 g	165	690
40 g Mischbrot (1 Scheibe)	5 g	—	21 g	101	422
40 g Vollkornbrot (1 Scheibe)	3 g	—	18 g	96	400
40 g Pumpernickel (1 Scheibe)	3 g	—	20 g	99	414
25 g Weiß- oder Toastbrot (1 Scheibe)	2 g	—	14 g	69	291
40 g Brötchen (1 Stück)	3 g	—	23 g	111	466
10 g Knäckebrot (1 Scheibe)	1 g	—	8 g	38	159
10 g Zwieback (1 Stück)	1 g	—	8 g	40	169
10 g Butter (2 gestr. Teel.)	—	8 g	—	77	324
10 g Diätmargarine (2 Teel.)	—	8 g	—	76	319
30 g magere Wurst (1 Scheibe)	4 g	10 g	—	108	452
30 g roher magerer Schinken	5 g	9 g	—	103	432
30 g magerer gekochter Schinken (1 Scheibe)	6 g	6 g	—	82	344
25 g Käse mit 30% Fett i. Tr.	6 g	4 g	1 g	70	293
25 g Käse mit 40% Fett i. Tr.	6 g	6 g	1 g	85	356
30 g Camembert mit 30% Fett i. Tr.	7 g	4 g	1 g	67	280
30 g Schmelzkäse (ca. 1/2 Eck) mit 20% Fett i. Tr.	5 g	3 g	3 g	59	247
50 g Quark (1 geh. Eßl.) mit 20% Fett i. Tr.	7 g	2 g	2 g	55	230
50 g Magerquark (1 Eßl.)	8 g	—	1 g	44	184
1 Hühnerei von ca. 60 g	7 g	6 g	—	88	368
10 g Marmelade (1 Teel.)	—	—	7 g	26	109
10 g Gelee (1 Teel.)	—	—	6 g	25	105

Imbisse, kleine Mahlzeiten

Pfirsich-Toast

Pro Person: 25 g Toastbrot (1 Scheibe) 5 g Butter oder Diätmargarine (1 gestrichener Teel.) • 20 g (1 dünne Scheibe) Roastbeef • 80 g (1/2 großer) Pfirsich aus der Dose • 30 g Käse mit 40% Fett i. Tr. (1 Scheibe)

Nährwert: Eiweiß 13 g, Fett 11 g, Kohlenhydrate 32 g, Kalorien 293, Joule 1228.

Das Brot toasten und mit Margarine oder Butter bestreichen. Erst das Roastbeef, dann den halben Pfirsich darauflegen und mit dem Käse abdecken. Den Toast im vorgeheizten Grill 3—5 Minuten überbacken.

Kräuterquark-Toast

Pro Person: 40 g Mischbrot (1 Scheibe) 5 g Diätmargarine oder Butter (1 gestrichener Teel.) • 125 g Magerquark (1/2 Becher) 5 g fein geschnittener Dill oder Schnittlauch (1 gehäufter Eßl.) • 5 g Kondensmilch mit 7,5% Fett (1 Teel.) • Salz nach Geschmack 30 g Schnittkäse mit 40% Fett i. Tr. (1 Scheibe)

Nährwert: Eiweiß 31 g, Fett 12 g, Kohlenhydrate 25 g, Kalorien 354, Joule 1478.

Das Brot toasten und mit Margarine oder Butter bestreichen. Den Quark mit den Kräutern, der Kondensmilch und dem Salz verrühren. Die Quarkmasse auf das Toastbrot streichen und mit dem Käse abdecken. Den Toast im vorgeheizten Grill 3–5 Minuten überbacken.

Champignon-Toast mit Tomate

Pro Person: 25 g Toastbrot (1 Scheibe) 5 g Diätöl (1 Teel.) • 50 g Champignonscheiben aus der Dose (2 gehäufte Eßl.) ca. 60 g (1) Hühnerei • Salz, Pfeffer, Knoblauchpulver nach Geschmack • 5 g Schnittlauch oder Petersilie, fein geschnitten (1 gehäufter Eßl.) • 30 g (1/2 mittelgroße) Tomate 30 g Schnittkäse mit 30% Fett i. Tr. (1 Scheibe)

Nährwert: Eiweiß 17 g, Fett 15 g, Kohlenhydrate 19 g, Kalorien 293, Joule 1225.

Das Brot toasten. Das Öl in einer Pfanne erhitzen und die abgetropften Champignons darin andünsten. Das Ei mit den Gewürzen und dem Schnittlauch verquirlen, über die Champignons gießen und bei milder Hitze unter Rühren in etwa 2 Minuten stocken lassen. Das Toastbrot mit der Masse belegen. Die enthäutete Tomate in Scheiben schneiden, die Tomatenscheiben auf dem Rührei verteilen und mit dem Käse abdecken. Den Toast im vorgeheizten Grill 2—3 Minuten überbacken.

Abwandlung für die übrige Familie: Zusätzlich 1 Teel. Öl zum Dünsten verwenden.

Kürbis-Kefir mit Nelken, Ingwer und Zimt

Zutaten für 4 Personen: 500 g Kefir (2 Becher) • Nelken-, Ingwer- und Zimtpulver nach Geschmack • 20 g Zucker oder Fruchtzucker (1 Eßl.) • 220 g eingelegter Kürbis (1 kleines Glas)

Nährwert pro Person: Eiweiß 4 g, Fett 4 g, Kohlenhydrate 8 g, Kalorien 95, Joule 396.

Den Kefir mit den Gewürzen und dem Zukker verrühren. Die Kürbisstücke abtropfen lassen, sehr klein würfeln und mit dem Kefir vermischen. Zugedeckt etwa 15 Minuten ziehen lassen.

Abwandlung für die übrige Familie: Zusätzlich 1 Eßl. flüssige Schlagsahne und 2 Teel. Zucker unterrühren. Gut gekühlt servieren.

Haferflockenmüsli mit Obst und Sanddorn

Zutaten für 4 Personen: 60 g Vollkornhaferflocken (6 Eßl.) · 10 g gemahlene Haselnüsse (2 gehäufte Eßl.) · 1/4 l Trinkmilch mit 3,5 % Fett · 200 g (2 mittelgroße) Bananen 100 g (1 mittelgroßer) Apfel · 25 g gesüßter Sanddorn (1 gehäufter Eßl.) · 20 g Zitronensaft (2 Eßl.)

Nährwert pro Person: Eiweiß 5 g, Fett 5 g, Kohlenhydrate 24 g, Kalorien 164, Joule 689.

Die Haferflocken und die Nüsse in die Milch schütten. Die Bananen in feine Blättchen schneiden. Den Apfel schälen, halbieren, vom Kerngehäuse befreien und grob raffeln. Bananen, Apfel, Sanddorn und den Zitronensaft unter die Haferflocken mischen. Das Müsli zugedeckt etwa 10 Minuten ziehen lassen.

Abwandlung für die übrige Familie: Zusätzlich 2 Eßl. flüssige Schlagsahne untermischen.

Reis-Krabben-Erbsen-Salat

Zutaten für 4 Personen: 120 g Brüh- oder Langkornreis · Salz · 150 g saure Sahne mit 10 % Fett (1 Becher) · Kräuteressig nach Geschmack · 1 Prise Zucker · 1 Prise Knoblauchpulver · 225 g sehr feine Erbsen (1 mittelgroßes Glas) · 100 g Krabben 10 g fein gehackte Petersilie (2 gehäufte Eßl.)

Nährwert pro Person: Eiweiß 10 g, Fett 5 g, Kohlenhydrate 32 g, Kalorien 222, Joule 929.

Den Reis in Salzwasser in etwa 15 Minuten körnig kochen, auf ein Sieb schütten, abschrecken und abtropfen lassen. Aus der Sahne, Essig, Zucker, Knoblauchpulver und Salz eine Marinade rühren. Die abgetropften Erbsen, den Reis und die Krabben mit der Marinade vermischen. Den Salat zugedeckt etwa 15 Minuten ziehen lassen. Vor dem Servieren mit der Petersilie bestreuen.

Klare Fleischbrühe mit Eierstich und Kräutern

Zutaten für 4 Personen: $1^1/_8$ l Wasser oder fettarme Fleischbrühe • 1 Lorbeerblatt 4 Pimentkörner • 4 Pfefferkörner 20 g Instant-Fleischbrühe (1 gehäufter Eßl.) 10 g fein geschnittene Sellerieblätter (1 gehäufter Eßl.) • 5 g fein geschnittener Schnittlauch (1 gehäufter Eßl.) • 5 g fein gehackte Petersilie (1 gehäufter Eßl.) • Salz • Zwiebel- und Pimentpulver nach Geschmack Für den Eierstich: 120 g (2) Eier Muskat • Öl zum Einfetten

Nährwert pro Person: Eiweiß 5 g, Fett 3 g, Kohlenhydrate –, Kalorien 55, Joule 231.

Das Wasser (oder die Fleischbrühe) mit dem Lorbeerblatt, den Gewürzkörnern und der Instant-Fleischbrühe (weglassen, wenn Fleischbrühe verwendet wird) kalt aufsetzen und zum Kochen bringen. Nach 10 Minuten Kochzeit das Lorbeerblatt und die Gewürzkörner entfernen und die Kräuter einstreuen. Die Suppe mit Salz, Zwiebel- und Pimentpulver abschmecken und zugedeckt warm stellen. Für den Eierstich die Eier mit 1 Eßl. Wasser, Salz und Muskat verquirlen. Ein Schälchen mit Öl auspinseln und die Eimasse darin etwa 15 Minuten im Wasserbad stokken lassen. Den Eierstich würfeln, auf Teller verteilen und mit der Brühe übergießen.

Gemüsesuppe

Bild Seite 33

Zutaten für 4 Personen: 1 l Wasser oder fettarme Fleischbrühe • 1 Lorbeerblatt 6 Pimentkörner • 4 Pfefferkörner 20 g Instant-Fleischbrühe (1 gehäufter Eßl.) 300 g zartes Sommergemüse, tiefgekühlt 250 g feine Wachsbrechbohnen (1 kleine Dose) • 40 g Brüh- oder Langkornreis (2 Eßl.) • 120 g (2 mittelgroße) Tomaten Chili-, Zwiebel- und Pimentpulver nach Geschmack • 10 g fein gehackte Petersilie (2 gehäufte Eßl.)

Nährwert pro Person: Eiweiß 4 g, Fett 1 g, Kohlenhydrate 15 g, Kalorien 83, Joule 349.

Das Wasser (oder die Fleischbrühe) mit dem Lorbeerblatt, den Gewürzkörnern und der Instant-Fleischbrühe (weglassen, wenn Fleischbrühe verwendet wird) kalt aufsetzen und zum Kochen bringen. Das unaufgetaute Gemüse, die Wachsbohnen mit Flüssigkeit und den gewaschenen Reis in die kochende Brühe schütten, zudecken, alles wieder zum Kochen bringen und etwa 10 Minuten bei milder Hitze leise kochen lassen. Die Tomaten häuten, achteln, in die kochende Suppe geben und darin 5 Minuten ziehen lassen. Mit Salz und den Gewürzen abschmecken. Vor dem Servieren das Lorbeerblatt und die Gewürzkörner entfernen und die Suppe mit der Petersilie bestreuen.

Abwandlung für die übrige Familie: Zusätzlich 1 gehäuften Eßl. Butter in die Suppe geben.

Schokoladensuppe mit Schneeklößchen

Zutaten für 4 Personen: 1 l Trinkmilch mit 3,5% Fett • 40 g Zucker oder Fruchtzucker (2 Eßl.) • 30 g Schokoladenpuddingpulver (3 Eßl.) • 60 g (1) Hühnerei

Nährwert pro Person: Eiweiß 11 g, Fett 10 g, Kohlenhydrate 28 g, Kalorien 254, Joule 1062.

Die Milch mit dem Zucker zum Kochen bringen. Das Puddingpulver mit 3 Eßl. Wasser glatt rühren und in die kochende Milch einlaufen lassen. Das Ei in Eiweiß und Eigelb trennen und das Eiweiß zu steifem Schnee schlagen. Die Suppe mit dem Eigelb legieren und heiß auf tiefe Teller verteilen. Von dem Eischnee mit einem Teelöffel etwa 12 Klößchen abstechen und auf die heiße Suppe setzen. Die Schokoladensuppe schmeckt auch kalt.

Abwandlung für die übrige Familie: Zusätzlich einen Schuß Cognac zugeben, bevor die Schneeklößchen aufgesetzt werden.

Tee-Zitronen-Kaltschale mit Honigmelone

Zutaten für 4 Personen: 3/4 l Wasser · 1 Prise Salz · 2 Stück Nelken · 3 Streifen Zitronenschale (ungespritzt) · 3 gehäufte Teel. schwarzer Tee (Ostfriesenmischung) 15 g Stärkemehl (3 Teel.) · 80 g Bienenhonig (2 gehäufte Eßl.) · 100 g Zitronensaft (von etwa 3 saftigen Zitronen) 600 g (1 große) Honigmelone

Nährwert pro Person: Eiweiß 1 g, Fett –, Kohlenhydrate 30 g, Kalorien 120, Joule 501.

Das Wasser mit dem Salz, den Nelken und den Zitronenschalen zum Kochen bringen. Den Tee hineinschütten. Den Topf von der Kochstelle nehmen und den Tee zugedeckt etwa 3 Minuten ziehen lassen, dann durch ein feines Sieb in einen anderen Topf gießen und nochmals erhitzen. Das Stärkemehl mit einigen Eßl. Wasser anrühren, in den Tee einlaufen und einmal aufkochen lassen. Den Honig und den Zitronensaft zugeben. Die Melone vierteln und schälen und die Kerne herauskratzen. Das Fruchtfleisch klein würfeln, auf tiefe Teller verteilen und den abgekühlten Zitronentee darüberfüllen.

Abwandlung für die übrige Familie: Zusätzlich einen Schuß Weißwein in die Suppe geben oder eine Haube aus 3 Eßl. steif geschlagener Sahne aufsetzen. Die Suppe schmeckt auch eisgekühlt, doch muß man dann zusätzlich 3 Teel. Zucker zugeben.

Vanille-Buttermilch-Kaltschale mit Mandarinen

Zutaten für 4 Personen: 1/2 l Trinkmilch mit 3,5% Fett · 40 g Zucker oder Fruchtzucker (2 Eßl.) · 1 Vanilleschote · 20 g Vanillepuddingpulver (2 Eßl.) · 1/2 l Buttermilch 190 g Mandarinen (1 kleine Dose) · 1/2 Teel. Zitronensaft

Nährwert pro Person: Eiweiß 10 g, Fett 5 g, Kohlenhydrate 35 g, Kalorien 226, Joule 948.

Die Milch mit dem Zucker, dem herausgekratzten Vanillemark und der Schote zum Kochen bringen. Das Puddingpulver mit 3 Eßl. Wasser glattrühren und in die kochende Milch einlaufen lassen. In die abgekühlte Flüssigkeit die Buttermilch einrühren und die Mandarinen mit der Flüssigkeit untermischen. Mit Zitronensaft abschmecken. Vor dem Servieren die Vanilleschote entfernen.

Abwandlung für die übrige Familie: Zusätzlich 2 Eßl. flüssige Schlagsahne unterrühren. Wird die Kaltschale eisgekühlt serviert, zusätzlich noch 1 Eßl. Zucker einstreuen.

Quarkremoulade

Zutaten für 4 Personen: 125 g Magerquark · 75 g saure Sahne mit 10% Fett (1/2 Becher) · 60 g (1) weichgekochtes Ei · 20 g Zitronensaft (2 Eßl.) · 10 g Zucker oder Fruchtzucker (2 Teel.) · Salz · Chili-, Knoblauch- und Zwiebelpulver · 20 g Gewürzgürkchen (5 Stück) · je 5 g Petersilie, Schnittlauch und Kresse, fein geschnitten (je 1 gehäufter Eßl.)

Nährwert pro Person: Eiweiß 7 g, Fett 3 g, Kohlenhydrate 4 g, Kalorien 87, Joule 365.

Den Quark mit der Sahne, dem Eigelb, dem Zitronensaft, dem Zucker, dem Salz und den Gewürzen verrühren. Das Eiweiß und die Gürkchen sehr klein würfeln und zusammen mit den Kräutern unter den Quark mischen.

Abwandlung für die übrige Familie: Zusätzlich den restlichen 1/2 Becher saure Sahne, 1 Teel. Zitronensaft und 1 mittelgroße, klein gewürfelte Zwiebel unter die Remoulade mischen.

Das paßt dazu: verlorene Eier (Rezept Seite 53) oder Fischklößchen (Rezept Seite 38).

Apfel-Meerrettich-Sauce

Zutaten für 4 Personen: 250 g Kefir (1 Becher) · 20 g Zitronensaft (2 Eßl.) · 10 g Zucker oder Fruchtzucker (2 Teel.) · Meerrettich, frisch oder aus dem Glas, und Salz nach Geschmack · 1 Prise Knoblauchpulver · 150 g (1 großer) Apfel

Nährwert pro Person: Eiweiß 2 g, Fett 2 g, Kohlenhydrate 9 g, Kalorien 67, Joule 281.

Den Kefir mit dem Zitronensaft, dem Zukker, dem Meerrettich, dem Salz und dem Knoblauchpulver zu einer dicklichen Sauce rühren. Den Apfel schälen, halbieren, vom Kerngehäuse befreien, grob in die Sauce raffeln und gut untermischen.

Abwandlung für die übrige Familie: Zusätzlich 2 Eßl. flüssige Schlagsahne und 1 Eßl. Zwiebelwürfelchen unter die Sauce mischen.

Das paßt dazu: gekochtes Rindfleisch (Rezept Seite 39) oder gebackene Pellkartoffeln (Rezept Seite 47).

Curry-Früchte-Sauce

Zutaten für 4 Personen: 30 g Diätmargarine oder Butter (1 gehäufter Eßl.) · 20 g Mehl (2 Eßl.) · 1/2 l fettarme Fleischbrühe oder 10 g Instant-Fleischbrühe (2 gehäufte Teel.) in 1/2 l Wasser gelöst · Salz · Currypulver nach Geschmack · 5 g Zitronensaft (1 Teel.) · 5 g Zucker oder Fruchtzucker (1 Teel.) · 50 g (1/2 mittelgroße) Banane · 110 g Weintrauben (14 große Beeren) · 190 g Mandarinen (1 kleine Dose)

Nährwert pro Person: Eiweiß 2 g, Fett 6 g, Kohlenhydrate 21 g, Kalorien 153, Joule 642.

Die Margarine zerlaufen lassen, das Mehl darin kurz anschwitzen und mit der Fleischbrühe aufgießen. Aufkochen lassen. Die Sauce mit Salz, Currypulver, Zitronensaft und Zucker abschmecken. Die Banane schälen und in Blättchen schneiden. Die Weintrauben heiß waschen, halbieren und die Kerne entfernen. Bananenblättchen, Weintrauben und die abgetropften Mandarinen vorsichtig unter die Sauce mischen. Einmal aufkochen lassen.

Abwandlung für die übrige Familie: Zusätzlich 1 Eßl. flüssige Schlagsahne und 1 Schuß Cognac unter die Sauce mischen.

Das paßt dazu: gekochte Zunge (Rezept Seite 40).

Schinken-Kräuter-Sauce

Zutaten für 4 Personen: 20 g Diätmargarine oder Butter (1 gestrichener Eßl.)
30 g Lachsschinken (3 dünne Scheiben)
20 g Mehl (2 Eßl.) • 1/2 l fettarme Brühe oder 5 g (1 gehäufter Teel.) Instant-Fleischbrühe in 1/2 l Wasser aufgelöst
15 g (3 gehäufte Eßl.) fein gehackte gemischte Kräuter (Petersilie, Dill und Kresse)

Nährwert pro Person: Eiweiß 2 g, Fett 5 g, Kohlenhydrate 4 g, Kalorien 72, Joule 300.

Die Margarine zerlaufen lassen. Den Schinken klein würfeln und im Fett andünsten. Das Mehl zugeben und hell anschwitzen. Mit der Fleischbrühe aufgießen. Die Sauce 6–7 Minuten leise kochen lassen. Zuletzt die Kräuter untermischen. Wenn nötig, mit Salz abschmecken.

Das paßt dazu: Forelle pikant gedünstet (Rezept Seite 37).

Kapernsauce

Bild Seite 34

Zutaten für 4 Personen: 30 g Diätmargarine oder Butter (1 gehäufter Eßl.) • 25 g Mehl (2 1/2 Eßl.) • 1/2 l fettarme Fleischbrühe oder 10 g Instant-Fleischbrühe (2 gehäufte Teel.) in 1/2 l Wasser aufgelöst oder 1/2 l Fischsud
1 Röhrchen Kapern • 10 g Zucker oder, Fruchtzucker (2 Teel.) • 10 g Zitronensaft (1 Eßl.) • Salz nach Geschmack • 75 g saure Sahne (1/2 Becher) • 5 g fein gehackte Petersilie (1 gehäufter Eßl.)

Nährwert pro Person: Eiweiß 2 g, Fett 8 g, Kohlenhydrate 8 g, Kalorien 118, Joule 498.

Die Margarine zerlaufen lassen, das Mehl kurz darin anschwitzen und mit der Fleischbrühe (oder dem Fischsud) aufgießen. Die Sauce 6–7 Minuten leise kochen lassen. Dann die Kapern, den Zucker und den Zitronensaft zugeben und mit Salz würzen. Die Sauce von der Kochstelle nehmen und mit der Sahne legieren. Vor dem Servieren die Petersilie aufstreuen.

Abwandlung für die übrige Familie: Zusätzlich die Sauce mit 1 Eigelb legieren.

Das paßt dazu: Frikadellen aus Rindfleisch (Rezept Seite 40) oder Fischklößchen (Rezept Seite 38).

Kressesalat
Umschlagfoto

Zutaten für 4 Personen: 150 g Gartenkresse 20 g Diätöl (2 Eßl.) • Essig oder Zitronensaft und Salz nach Geschmack • 10 g Zucker oder Fruchtzucker (2 Teel.) • 1 Prise Knoblauchpulver

Nährwert pro Person: Eiweiß 1 g, Fett 5 g, Kohlenhydrate 6 g, Kalorien 73, Joule 308.

Die Kresse waschen und abtropfen lassen. Aus dem Öl, dem Essig, dem Salz, dem Zucker, Knoblauchpulver und 4 Eßl. Wasser eine Marinade bereiten. Kurz vor dem Servieren die Kresse untermischen und auf Salattellern anrichten.

Abwandlung für die übrige Familie: Zusätzlich 2 Eßl. Diätöl unter den Salat mischen.

Das paßt dazu: Rinderroulade mit Gemüsefüllung in der Braten-Klarsichtfolie (Rezept Seite 39).

Honigmelone mit Mandarinen

Zutaten für 4 Personen: 600 g (1 große) Honigmelone • 190 g Mandarinen (1 kleine Dose) • 20 g Zitronensaft (2 Eßl.)

Nährwert pro Person: Eiweiß 2 g, Fett –, Kohlenhydrate 20 g, Kalorien 82, Joule 341.

Die Melone vierteln, dick schälen und die Kerne und das weiche Innere herauskratzen. Das Fruchtfleisch klein würfeln. In einer Schüssel die Melonenwürfel mit den Mandarinen samt Flüssigkeit und dem Zitronensaft vorsichtig vermischen und zugedeckt etwa 15 Minuten durchziehen lassen.

Abwandlung für die übrige Familie: Den Fruchtsalat etwa 15 Minuten in den Kühlschrank stellen.

Das paßt dazu: Forelle pikant gedünstet (Rezept Seite 37) mit Schinken-Kräuter-Sauce (Rezept Seite 30).

Kopfsalat mit Kräutern

Zutaten für 4 Personen: 250 g Kopfsalat (1 mittelgroßer Kopf) • 30 g Diätöl (3 Eßl.) 20 g Zitronensaft (2 Eßl.) • Salz • Knoblauch-, Chili- und Zwiebelpulver nach Geschmack • 5 g Zucker oder Fruchtzucker (1 Teel.) • je 5 g Petersilie, Estragon und Kresse, fein geschnitten (je 1 gehäufter Eßl.)

Nährwert pro Person: Eiweiß –, Fett 7 g, Kohlenhydrate 2 g, Kalorien 83, Joule 348.

Den Salat putzen, waschen und abtropfen lassen. Aus dem Diätöl, dem Zitronensaft, Salz, Knoblauch-, Chili- und Zwiebelpulver, dem Zucker und 3–4 Eßl. Wasser eine Marinade bereiten. Die Kräuter einrühren. Kurz vor dem Servieren die Salatblätter unterheben.

Statt des Kopfsalats können auch Chicorée, Endiviensalat oder Rettich verwendet werden.

Das paßt dazu: Forelle pikant gedünstet (Rezept Seite 37) oder bunte Geflügelspießchen vom Grill (Rezept Seite 43).

Als Vorspeise schmeckt eine appetitlich ▷ angerichtete Gemüsesuppe (Rezept Seite 27).

Spargel-Orangen-Salat

Zutaten für 4 Personen: 300 g Spargel (ca. 15 Stangen aus dem Glas) oder frischer Spargel, in Salzwasser gekocht · 30 g Zitronensaft (3 Eßl.) · 20 g Zucker oder Fruchtzucker (1 Eßl.) · 1 Prise Salz
300 g (3 mittelgroße) Orangen · 10 g Kresse (2 gehäufte Eßl.)

Nährwert pro Person: Eiweiß 1 g, Fett –, Kohlenhydrate 14 g, Kalorien 63, Joule 265.

Den Spargel in etwa zentimeterlange Stücke schneiden. Aus dem Zitronensaft, dem Zucker, 3 Eßl. Spargelwasser und der Prise Salz eine Marinade bereiten. Die Orangen filieren und mit dem Spargel unter die Marinade mischen. Zuletzt die gewaschene, abgetropfte Kresse unterheben.

Das paßt dazu: Kalbsschnitzel vom Grill (Rezept Seite 41).

Möhrenfrischkost mit Pfirsichen

Zutaten für 4 Personen: 250 g (4 mittelgroße) Möhren · 320 g (4 halbe) große Pfirsiche aus der Dose · 30 g Zitronensaft (3 Eßl.) · 5 Eßl. Pfirsichsaft · 10 g Zucker oder Fruchtzucker (2 Teel.)

Nährwert pro Person: Eiweiß –, Fett –, Kohlenhydrate 22 g, Kalorien 93, Joule 389.

Die Möhren putzen und grob raffeln. Die Pfirsiche klein würfeln. Aus dem Zitronensaft, dem Pfirsichsaft und dem Zucker eine Marinade bereiten. Möhren und Pfirsichwürfel mit der Marinade vermischen.

Abwandlung für die übrige Familie: Zusätzlich 2 gehäufte Eßl. gehackte süße Mandeln unter die Möhrenfrischkost mengen.

Das paßt dazu: gegrilltes Filetsteak (Rezept Seite 41).

Käsesalat mit Prinzeßbohnen und Tomaten

Zutaten für 4 Personen: 200 g Schnittkäse mit 30% Fett i. Tr. · 250 g (4 mittelgroße) Tomaten · 240 g Prinzeßbohnen (1 kleine Dose) · 20 g Diätöl (2 Eßl.) · 5 g Zucker oder Fruchtzucker (1 Teel.) · Knoblauch- und Paprikapulver nach Geschmack · Salz
10 g fein gehackte Petersilie (2 gehäufte Eßl.)
frisches oder getrocknetes Bohnenkraut nach Geschmack.

Nährwert pro Person: Eiweiß 14 g, Fett 13 g, Kohlenhydrate 8 g, Kalorien 218, Joule 912.

Den Käse in dünne Streifen schneiden. Die Tomaten enthäuten und gleichfalls in Streifen schneiden. Die Bohnen mit der Flüssigkeit etwa 5 Minuten kochen lassen, auf ein Sieb schütten und abtropfen lassen. Aus dem Öl, dem Zitronensaft, 4–5 Eßl. Wasser, dem Zucker, den Gewürzen, dem Salz und den Kräutern eine Marinade rühren und diese unter die Salatzutaten mischen. Den Salat etwa 15 Minuten zugedeckt ziehen lassen.

Abwandlung für die übrige Familie: Zusätzlich eine mittelgroße fein gewürfelte Zwiebel untermischen.

◁ *Leicht und apart: Fischklößchen mit süßen Mandeln (Rezept Seite 38) und einer Kapernsauce (Rezept Seite 30).*

Tomaten-Endivien-Salat

Zutaten für 4 Personen: 250 g (4 mittelgroße) Tomaten • 200 g (1 mittelgroßer Kopf) Endiviensalat • 30 g Diätöl (3 Eßl.) 30 g Zitronensaft (3 Eßl.) • 5 g Zucker oder Fruchtzucker (1 Teel.) • Chili- und Zwiebelpulver und Salz nach Geschmack • 10 g fein gehackte Petersilie (2 gehäufte Eßl.)

Nährwert pro Person: Eiweiß 1 g, Fett 7 g, Kohlenhydrate 4 g, Kalorien 95, Joule 397.

Die Tomaten enthäuten und in dünne Scheiben schneiden. Den Endiviensalat waschen, abtropfen lassen und sehr fein schneiden. Aus dem Diätöl, dem Zitronensaft, Zucker, Chili- und Zwiebelpulver, Salz und 4—5 Eßl. Wasser eine Marinade bereiten. Tomatenscheiben und Endivienstreifen untermischen. Den Salat mit Petersilie bestreuen.

Abwandlung für die übrige Familie: Zusätzlich 1 mittelgroße Zwiebel klein würfeln und unter den Salat mischen.

Das paßt dazu: Fischroulade mit Kürbis-Käse-Füllung (Rezept Seite 37).

Fenchelsalat mit Banane

Zutaten für 4 Personen: 450 g (3 mittelgroße) Fenchelknollen • 1 Prise Salz $^1/_2$ Stange Zimt • 4 Nelken • 2 Streifen Zitronenschale (ungespritzt) • 20 g Zucker oder Fruchtzucker (1 Eßl.) • 6 g Vanillinzucker (1 Päckchen) • 50 g Zitronensaft (5 Eßl.) • 100 g (1 große) Banane

Nährwert pro Person: Eiweiß 2 g, Fett –, Kohlenhydrate 21 g, Kalorien 100, Joule 419.

Die Fenchelknollen putzen, waschen und in feine Streifen schneiden. $^1/_4$ l Wasser mit der Prise Salz, dem Zimt, den Nelken und der Zitronenschale zum Kochen bringen, den Fenchel hineinschütten und zugedeckt bei milder Hitze etwa 5 Minuten garen. Die Gewürze und die Zitronenschalen entfernen. Den Zucker und den Vanillinzucker einstreuen. Den Zitronensaft zugeben. Die Banane in feine Blättchen schneiden und mit dem Fenchel vermischen. Anschließend den Salat auf Salatteller verteilen und abkühlen lassen.

Das paßt dazu: gekochtes Rindfleisch (Rezept Seite 39) und Apfel-Meerrettich-Sauce (Rezept Seite 29).

Rettichfrischkost mit Apfel

Zutaten für 4 Personen: 400 g (4 große) Rettiche • 150 g (1 großer) Apfel 150 g saure Sahne (1 Becher) • 1 Schuß Essig Salz, Chili-, Knoblauch- und Pimentpulver nach Geschmack • 5 g Zucker oder Fruchtzucker (1 Teel.) • 40 g Tomatenketchup (4 Teel.)

Nährwert pro Person: Eiweiß 2 g, Fett 4 g, Kohlenhydrate 13 g, Kalorien 98, Joule 406.

Die Rettiche putzen und grob raffeln. Den Apfel schälen, vierteln, vom Kerngehäuse befreien und ebenfalls grob raffeln. Aus der Sahne, dem Essig, Salz, Chili-, Knoblauch-, Pimentpulver und dem Zucker eine Marinade bereiten. Die Rettiche und den Apfel untermischen. Die Frischkost zugedeckt kurze Zeit durchziehen lassen, auf Salatteller verteilen und mit Tomatenketchup beträufeln.

Abwandlung für die übrige Familie: Zusätzlich 1 mittelgroße Zwiebel fein würfeln und untermischen.

Das paßt dazu: Frikadellen aus Rindfleisch (Rezept Seite 40).

Kohlrabifrischkost mit Mandarinen

Zutaten für 4 Personen: 175 g Magermilchjoghurt (1 Becher) • 10 g Zucker (2 Teel.) 15 g Zitronensaft (3 Teel.) • 1 Messerspitze Ingwerpulver • 1 Prise Salz • 190 g Mandarinen (1 mittelgroße Dose) • 250 g (1 großer) Kohlrabi

Nährwert pro Person: Eiweiß 3 g, Fett –, Kohlenhydrate 17 g, Kalorien 82, Joule 343.

Den Joghurt mit dem Zucker, dem Zitronensaft, dem Ingwerpulver und dem Salz glattrühren. Die Mandarinen auf ein Sieb schütten und abtropfen lassen. Den Kohlrabi schälen und grob raffeln. Die Salatzutaten mit der Joghurtsauce vermischen. Die Frischkost zugedeckt etwa 15 Minuten durchziehen lassen.

Abwandlung für die übrige Familie: Zusätzlich 1 Eßl. süße Sahne unter die Frischkost mischen.

Das paßt dazu: Rindfleischfrikadellen mit Parmesan (Rezept Seite 40).

Sauerkrautfrischkost mit Hagebuttenkonfitüre

Zutaten für 4 Personen: 80 g Hagebuttenkonfitüre (2 gehäufte Eßl.) • 125 g (1/8 l) Apfelsaft • 500 g Sauerkraut

Nährwert pro Person: Eiweiß 2 g, Fett –, Kohlenhydrate 22 g, Kalorien 99, Joule 427.

Die Hagebuttenkonfitüre mit dem Apfelsaft glattrühren. Das Sauerkraut fein schneiden und unter die Sauce mischen. Den Salat zugedeckt 15—20 Minuten durchziehen lassen.

Abwandlung für die übrige Familie: Zusätzlich einen Schuß Weißwein unter den Salat mischen.

Das paßt dazu: Lammkoteletts in der Alufolie (Rezept Seite 42).

Fischgerichte

Forelle pikant gedünstet

Zutaten für 4 Personen: 680 g (2 Packungen zu je 2 Stück) tiefgekühlte Forellen 20 g Zitronensaft (2 Eßl.) • Salz nach Geschmack • 40 g Diätmargarine oder Butter (2 gestrichene Eßl.) • Essig nach Geschmack 2 Zitronenscheiben (ungespritzt) • 4 Pimentkörner • 4 Pfefferkörner • 1 Lorbeerblatt 3 Stengel Petersilie

Nährwert pro Person: Eiweiß 29 g, Fett 11 g, Kohlenhydrate –, Kalorien 235, Joule 983.

Die Forellen antauen lassen, dann mit dem Zitronensaft beträufeln und mit Salz einreiben. 2 Tassen Salzwasser mit Essig, den Zitronenscheiben, den Gewürzkörnern, dem Lorbeerblatt und der Petersilie in einer Kasserolle zum Kochen bringen und etwa 5 Minuten leise kochen lassen. Anschließend die Gewürze aus dem Sud nehmen, die Forellen nebeneinander hineinlegen und zugedeckt bei milder Hitze 10 Minuten dünsten. Die Forellen aus dem Sud nehmen, von Haut und Gräten befreien und mit der zerlassenen Margarine begießen.

Abwandlung für die übrige Familie: Zusätzlich 2 gehäufte Eßl. Butter bräunen und über die Forellen gießen.

Das paßt dazu: überbackener Chicorée (Rezept Seite 47) und Salzkartoffeln (Seite 62). Als Nachspeise Joghurtcreme mit Banane (Rezept Seite 60).

Fischrouladen mit Kürbis-Käse-Füllung

Zutaten für 4 Personen: 800 g Kabeljaufilet (4 Scheiben) • 30 g Zitronensaft (3 Eßl.) Salz nach Geschmack • 40 g Tomatenmark (4 Teel.) • 12 g geriebener Parmesan mit 32% Fett i. Tr. (4 gehäufte Teel.) 75 g eingelegte Kürbiswürfel (etwa 12 Stück) Nelken- und Knoblauchpulver nach Geschmack • 10 g Diätmargarine oder Butter (2 gestrichene Teel.) • 1/2 Teel. Öl zum Auspinseln der Form

Nährwert pro Person: Eiweiß 35 g, Fett 3 g, Kohlenhydrate 1 g, Kalorien 203, Joule 852.

Die Fischfilets abspülen, trockentupfen, mit Zitronensaft beträufeln und mit Salz einreiben. Das Tomatenmark dünn aufstreichen und den Käse aufstreuen. Den Kürbis sehr klein würfeln und auf den Fischfilets verteilen. Mit Salz, Nelken- und Knoblauchpulver würzen. Die Filets aufrollen und mit Rouladennadeln zustecken. Die Fischrouladen in eine eingeölte feuerfeste Form setzen, mit Margarine- oder Butterflöckchen belegen und zugedeckt auf dem Herd etwa 15 Minuten ziehen lassen.

Abwandlung für die übrige Familie: Zusätzlich kleingewürfelten durchwachsenen Räucherspeck unter die Füllung mischen.

Das paßt dazu: Kopfsalat mit Kräutern (Rezept Seite 31) und Salzkartoffeln (Seite 62). Als Nachspeise Vanilleschaum mit heißen Himbeeren (Rezept Seite 57).

Fischklößchen mit süßen Mandeln

Bild Seite 34

Zutaten für 4 Personen: 600 g Kabeljaufilet 120 g (2 mittelgroße) Eier • 80 g Semmelbrösel (8 Eßl.) • Salz, Zwiebel-, Knoblauch- und Chilipulver nach Geschmack • 10 g fein gehackte Petersilie (2 gehäufte Eßl.) • 30 g Zitronensaft (3 Eßl.) • 20 g fein gehackte süße Mandeln (2 Eßl.) • 20 g Diätöl (2 Eßl.)

Nährwert pro Person: Eiweiß 32 g, Fett 11 g, Kohlenhydrate 16 g, Kalorien 313, Joule 1311.

Die Kabeljaufilets kalt abspülen, trockentupfen und fein wiegen oder einmal durch den Fleischwolf drehen. Die Fischmasse mit den Eiern, den Semmelbröseln, dem Salz, den Gewürzen, der Petersilie, dem Zitronensaft und den Mandeln zu einem Teig verkneten. 12 längliche Klößchen daraus formen. Das Diätöl erhitzen und die Klößchen darin in etwa 10 Minuten bei milder Hitze hellbraun braten.

Abwandlung für die übrige Familie: Zusätzlich die Fischklößchen mit gehackten Mandeln panieren und in 3 Eßl. Öl braten.

Das paßt dazu: Kapernsauce (Rezept Seite 30) und Salzkartoffeln (Seite 62).

Fischwürfel mit Auberginen und Tomaten

Zutaten für 4 Personen: 400 g (4 große) Auberginen • 30 g Zitronensaft (3 Eßl.) 234 g Champignonblättchen (1 mittelgroße Dose) • 20 g Diätöl (2 Eßl.) • Salz • Chili-, Paprika- und Zwiebelpulver nach Geschmack • 1 Prise Zucker • geriebene Zitronenschale (ungespritzt) nach Geschmack 600 g Rotbarschfilet, frisch oder tiefgekühlt 250 g (4 mittelgroße) Tomaten • 125 g saure Sahne (1 Becher) • 5 g Zucker oder Fruchtzucker (1 Teel.) • 10 g fein gehackte Petersilie (2 gehäufte Eßl.)

Nährwert pro Person: Eiweiß 32 g, Fett 13 g, Kohlenhydrate 11 g, Kalorien 312, Joule 1308.

Die Auberginen schälen, in fingerdicke Scheiben schneiden und mit 1 Eßl. Zitronensaft beträufeln. Die Champignons auf einem Sieb abtropfen lassen. Das Diätöl in einer Kasserolle erhitzen, die Auberginen und die Champignons hineingeben, mit Salz, den Gewürzen, der Prise Zucker und geriebener Zitronenschale bestreuen und andünsten. Die Rotbarschfilets kalt abspülen, beziehungsweise antauen lassen, mit dem restlichen Zitronensaft beträufeln und mit Salz bestreuen. Dann in gleich große Würfel schneiden und auf das Gemüse legen. 3 Eßl. Wasser angießen und alles zugedeckt etwa 5 Minuten bei milder Hitze garziehen lassen. Die Tomaten häuten, achteln und auf die Fischwürfel legen. Alles weitere 5 Minuten ziehen lassen. Die Kasserolle vom Herd nehmen, die saure Sahne unterrühren, mit Zucker und Salz abschmecken und die Petersilie aufstreuen.

Abwandlung für die übrige Familie: Zusätzlich mit Pfeffer und Paprikapulver würzen.

Das paßt dazu: körnig gekochter Reis (Seite 62). Als Nachspeise Aprikosenkompott (Rezept Seite 59).

Fleischgerichte

Gekochtes Rindfleisch

Zutaten für 4 Personen: 1½ l Wasser · Salz nach Geschmack · 3 Pfefferkörner 3 Pimentkörner · 1 Lorbeerblatt · 1 Bund Suppengrün · 600 g mageres Rindfleisch aus der Brust oder der Oberschale

Nährwert pro Person: Eiweiß 22 g, Fett 16 g, Kohlenhydrate –, Kalorien 259, Joule 1086.

Das Salzwasser mit den Gewürzkörnern, dem Lorbeerblatt und dem kleingeschnittenen Suppengrün zum Kochen bringen. Das Rindfleisch kalt abspülen, ins kochende Wasser geben und zugedeckt etwa 1½ Stunden garen. In Scheiben geschnitten servieren. Die Brühe wird für eine Sauce verwendet.

Das paßt dazu: Apfel-Meerrettich-Sauce (Rezept Seite 29) und Salzkartoffeln (Seite 62) oder Pellkartoffeln (Seite 62) und Broccoli (Rezept Seite 45). Als Nachspeise Birnen mit Preiselbeeren (Rezept Seite 59).

Rinderrouladen mit Gemüsefüllung in der Braten-Klarsichtfolie

Umschlagfoto

Zutaten für 4 Personen: 600 g (4 Scheiben) Rinderrouladen · Salz nach Geschmack 1 Prise Knoblauchpulver · 40 g Tomatenmark (4 Teel.) · 100 g (1 mittelgroße) Möhre · 30 g (½ kleine) Sellerieknolle 10 g gemahlener Kräuterkäse mit 30 % Fett i. Tr. (2 gehäufte Teel.)

Nährwert pro Person: Eiweiß 34 g, Fett 4 g, Kohlenhydrate 3 g, Kalorien 188, Joule 787.

Die Rouladen abspülen, trockentupfen, mit Salz und Knoblauchpulver bestreuen und mit dem Tomatenmark bestreichen. Die Möhre und die Sellerieknolle putzen, fein raffeln und mit dem Käse und dem Salz vermischen. Die Rouladen mit dem Gemüse belegen, aufwickeln, mit Rouladennadeln zustecken und in die Folie schieben. Im vorgeheizten Backofen bei starker Hitze etwa 40 Minuten garen.

Abwandlung für die übrige Familie: Zusätzlich eine dünne Scheibe geräucherten Speck in die Rouladen wickeln.

Das paßt dazu: Broccoli (Rezept Seite 45) und Kartoffelpüree (Rezept Seite 62). Als Nachspeise Obstsalat aus Mandarinen, Grapefruit und Erdbeeren (Rezept Seite 57).

Sauerbraten

Zutaten für 4 Personen: 1 l Buttermilch 2 Lorbeerblätter · 4 Pfefferkörner · 4 Pimentkörner · Salz nach Geschmack · 600 g Rindfleisch aus der Oberschale · 20 g Diätöl (2 Eßl.) · 1 Tasse Wasser oder magere Fleischbrühe · 5 g Mehl (1 Teel.) · 10 g Buttermilch (1 Eßl.) · 5 g Zitronensaft (1 Teel.) Chili- und Knoblauchpulver nach Geschmack 1 Prise Zucker

Nährwert pro Person: Eiweiß 22 g, Fett 21 g, Kohlenhydrate 1 g, Kalorien 312, Joule 1304.

Aus der Buttermilch, den Gewürzen und Salz eine Marinade bereiten und das Rindfleisch darin unter mehrmaligem Wenden 24 Stunden liegen lassen. Danach das Fleisch aus der Marinade nehmen und trockentupfen. Das Öl in einem flachen Topf erhitzen und das Fleisch darin von allen Seiten leicht anbraten. 1 Tasse heißes Wasser oder magere Brühe angießen und das Fleisch zugedeckt etwa $1^1/_2$ Stunden schmoren lassen. Wenn nötig, noch Flüssigkeit nachgießen. Das gare Fleisch herausnehmen und warm stellen. Das Mehl mit der Buttermilch glattrühren und die Bratenflüssigkeit damit binden. Die Sauce einmal aufkochen lassen und mit dem Zitronensaft, Salz, dem Chili- und Knoblauchpulver und dem Zukker abschmecken. Das Fleisch in Scheiben schneiden und in der Sauce servieren.

Das paßt dazu: Kohlrabifrischkost mit Mandarinen (Rezept Seite 36), Kartoffelknödel (Seite 62). Als Nachspeise Vanilleschaum mit heißen Himbeeren (Rezept Seite 57).

Gekochte Rinderzunge

Zutaten für 4 Personen: 600 g Rinderzunge
$1^1/_2$ l Wasser • Salz nach Geschmack
2 Lorbeerblätter • 6 Pfefferkörner
4 Pimentkörner • 1 Bund Suppengrün

Nährwert pro Person: Eiweiß 18 g, Fett 18 g, Kohlenhydrate –, Kalorien 250, Joule 1048.

Die Zunge gründlich waschen. Das Salzwasser mit den Lorbeerblättern, den Gewürzkörnern und dem kleingeschnittenen Suppengrün zum Kochen bringen, die Zunge hineinlegen und zugedeckt etwa $1^1/_2$ Stunden kochen lassen. Dann unter fließendem kaltem Wasser die harte Zungenhaut abziehen. Die Zunge in Scheiben schneiden und in die Sauce (siehe „Das paßt dazu“) legen oder klein würfeln und in der Sauce als Zungenragout servieren.

Abwandlung für die übrige Familie: Zusätzlich mit schwarzem Pfeffer würzen.

Das paßt dazu: Curry-Früchte-Sauce (Rezept Seite 29), Möhrengemüse (Rezept Seite 46) und Salzkartoffeln (Seite 62). Als Nachspeise Zitronenquark (Rezept Seite 58).

Rindfleischfrikadellen mit Parmesan

Zutaten für 4 Personen: 400 g Tatar
10 g fein gehackte Petersilie (2 gehäufte Eßl.)
60 g (1 mittelgroßes) Ei • 20 g saure Sahne (1 Eßl.) • 60 g Semmelbrösel (6 Eßl.) • Salz nach Geschmack • je 1 Prise Zwiebel-, Knoblauch- und Paprikapulver • 20 g Diätöl (2 Eßl.) • 12 g geriebener Parmesan mit 32% Fett i. Tr. (4 gehäufte Teel.)

Nährwert pro Person: Eiweiß 26 g, Fett 12 g, Kohlenhydrate 11 g, Kalorien 268, Joule 1124.

Aus dem Tatar, der Petersilie, dem Ei, der Sahne, den Semmelbröseln, 4 Eßl. Wasser, dem Salz und den Gewürzen einen Fleischteig bereiten. 8 Frikadellen daraus formen. Das Diätöl in einer beschichteten Pfanne erhitzen und die Frikadellen auf jeder Seite 5–6 Minuten bei mittlerer Hitze braten. Anschließend mit Parmesan bestreuen.

Abwandlung für die übrige Familie: Zusätzlich 3 Eßl. Öl zum Braten verwenden und 4 mittelgroße Zwiebeln, in Ringe geschnitten, darin goldbraun rösten.

Das paßt dazu: Kopfsalat mit Kräutern (Rezept Seite 31) und Kartoffelsalat mit saurer Sahne (Rezept Seite 48). Als Nachspeise Orangengelee (Rezept Seite 57).

Gurken mit Hackfleischfüllung

Zutaten für 4 Personen: 400 g Tatar 60 g (1 mittelgroßes) Ei • 125 g Magerquark 40 g Semmelbrösel (4 Eßl.) • 10 g fein gehackte Petersilie (2 gehäufte Eßl.) • Salz nach Geschmack • Zwiebel- und Chilipulver 40 g saure Sahne mit 10% Fett (2 Eßl.) 800 g (2 große) Salatgurken • 20 g Diätöl (2 Eßl.)

Nährwert pro Person: Eiweiß 29 g, Fett 12 g, Kohlenhydrate 10 g, Kalorien 287, Joule 1199.

Aus dem Tatar, dem Ei, dem Quark, den Semmelbröseln, 3 Eßl. Wasser, der Petersilie, dem Salz, den Gewürzen und der Sahne einen Fleischteig kneten. Die Gurken schälen, einmal längs und einmal quer durchschneiden, von den Kernen befreien und mit Salz bestreuen. Anschließend die Gurken mit dem Fleischteig füllen: eine Gurkenhälfte wird gefüllt, die andere daraufgelegt. Mit Küchengarn umwickeln. Das Öl in einem großen, flachen Topf erhitzen und die gefüllten Gurken darin andünsten. 3 Eßl. Wasser zugießen und die Gurken zugedeckt etwa 20 Minuten bei milder Hitze schmoren.

Das paßt dazu: Schinken-Kräuter-Sauce (Rezept Seite 30) und Kartoffelpüree (Rezept Seite 62). Als Nachspeise Orangengelee (Rezept Seite 57).

Gegrilltes Filetsteak

Bild Seite 51

Zutaten für 4 Personen: 600 g Filetsteaks (4 Stück zu je 150 g) • 20 g Diätöl (2 Eßl.) Chilipulver und Salz nach Geschmack

Nährwert pro Person: Eiweiß 28 g, Fett 11 g, Kohlenhydrate –, Kalorien 235, Joule 985.

Die Steaks kalt abspülen, trockentupfen, auf beiden Seiten mit Chilipulver bestreuen und mit dem Diätöl bepinseln. Im vorgeheizten Grill von jeder Seite 4—5 Minuten grillen. Erst dann salzen.

Abwandlung für die übrige Familie: Zusätzlich Kräuterbutter reichen.

Das paßt dazu: Buntes Gemüse (Rezept Seite 46) oder Gemüsereis mit Eierstich (Rezept Seite 49). Als Nachspeise Rhabarber-Orangen-Creme (Rezept Seite 58).

Kalbsschnitzel vom Grill

Zutaten für 4 Personen: 600 g Kalbsschnitzel (4 Stück zu je 150 g) • Chilipulver 20 g Diätöl (2 Eßl.) • Salz nach Geschmack 20 g Zitronensaft (4 Teel.)

Nährwert pro Person: Eiweiß 31 g, Fett 8 g, Kohlenhydrate –, Kalorien 209, Joule 877.

Die Kalbsschnitzel auf beiden Seiten mit Chilipulver bestreuen und mit dem Diätöl bepinseln. Im vorgeheizten Grill von jeder Seite 4–5 Minuten grillen. Erst dann salzen und mit Zitronensaft beträufeln.

Das paßt dazu: Prinzeßbohnen (Rezept Seite 45) und körnig gekochter Reis (Seite 62). Als Nachspeise Kirsch-Schokoladen-Creme (Rezept Seite 58).

Gebratene Schweineleber mit Äpfeln und Ananas

Zutaten für 4 Personen: 600 g (8 mittelgroße Scheiben) Schweineleber • 40 g Diätöl (4 Eßl.) • Salz nach Geschmack 250 g (2 große) Äpfel • Majoran, Zwiebel-, Knoblauch- und Chilipulver nach Geschmack • 320 g (4 Scheiben) Ananas

Nährwert pro Person: Eiweiß 29 g, Fett 17 g, Kohlenhydrate 27 g, Kalorien 405, Joule 1696.

Die Leber kalt abspülen und trockentupfen. Das Diätöl in einer beschichteten Pfanne erhitzen und die Leber darin auf jeder Seite etwa 5 Minuten braten. Erst dann salzen. Die Leber herausnehmen und warm stellen. Die Äpfel schälen, vierteln, vom Kerngehäuse befreien und in feine Blättchen schneiden. Die Apfelblättchen im Öl etwa 5 Minuten dünsten. 3 Eßl. Wasser angießen und Salz, Majoran und die Gewürze zugeben. Danach die Ananasscheiben auf die Äpfel legen und zugedeckt etwa 3 Minuten erwärmen. Die Leber zusammen mit den Äpfeln und den Ananasscheiben anrichten.

Abwandlung für die übrige Familie: Zusätzlich die Leber in mit Pfeffer vermischtem Mehl wälzen.

Das paßt dazu: Kressesalat (Rezept Seite 31) und Kartoffelpüree (Rezept Seite 62). Als Nachspeise Vanilleschaum mit heißen Himbeeren (Rezept Seite 57).

Lammkoteletts in der Alufolie

Zutaten für 4 Personen: 640 g (8 kleine) Lammkoteletts • Salz und Chilipulver nach Geschmack • frischen oder getrockneten Thymian • $^1/_2$ Teel. Diätöl zum Einfetten der Folie

Nährwert pro Person: Eiweiß 24 g, Fett 16 g, Kohlenhydrate –, Kalorien 259, Joule 1083.

Die Lammkoteletts kalt abspülen, trockentupfen und mit Salz, Chilipulver und Thymian einreiben. Je 2 Koteletts in ein Stück eingefettete Folie einschlagen. In einem großen, flachen Topf 2–3 Tassen Wasser zum Kochen bringen, die Folienpaketchen hineinlegen und zugedeckt etwa 15 Minuten bei milder Hitze garen.

Das paßt dazu: Rosenkohl (Rezept Seite 45) und Safran-Reis mit Kapern (Rezept Seite 49). Als Nachspeise Obstsalat aus Grapefruit, Erdbeeren und Mandarinen (Rezept Seite 57).

Geflügel- und Wildgerichte

Bunte Geflügelspießchen vom Grill

Zutaten für 4 Personen: 200 g Putenfleisch 200 g Geflügelleber • 80 g frische Gurke (6 dicke Scheiben) • 60 g (2 mittelgroße) Tomaten • Chili- und Zwiebelpulver • Salz nach Geschmack • 40 g Tomatenketchup (4 Teel.)

Nährwert pro Person: Eiweiß 19 g, Fett 8 g, Kohlenhydrate 2 g, Kalorien 167, Joule 699.

Das Putenfleisch und die Leber kalt abspülen und trockentupfen. Das Putenfleisch in 12 Würfel schneiden. Die Gurkenscheiben schälen, halbieren und die Kerne entfernen. Die Tomaten abziehen, vierteln und ebenfalls von den Kernen befreien. Alle Zutaten in bunter Reihenfolge auf 4 Spieße stecken und von allen Seiten mit Chili- und Zwiebelpulver würzen. Im vorgeheizten Grill insgesamt etwa 10 Minuten grillen, dabei einmal wenden. Erst dann salzen. Fleisch und Gemüse mit der Gabel auf vorgewärmte Teller streifen und jeweils mit 1 Teel. Tomatenketchup übergießen.

Abwandlung für die übrige Familie: Zusätzlich 2 mittelgroße Zwiebeln vierteln und mit aufspießen.

Das paßt dazu: Spargel-Orangen-Salat (Rezept Seite 32) und Safranreis mit Kapern (Rezept Seite 49). Als Nachspeise Vanille-Apfel (Rezept Seite 59).

Geschnetzeltes Hähnchenfleisch mit Estragon und Rosmarin

Zutaten für 4 Personen: 600 g Hähnchenfleisch (4 Hähnchenschnitzel) • 20 g Diätöl (2 Eßl.) • Salz nach Geschmack • Chili-, Knoblauch- und Pimentpulver • Estragon und Rosmarin, frisch oder getrocknet 10 g Mehl (1 Eßl.) • 40 g saure Sahne (2 Eßl.) • 10 g fein gehackte Petersilie (2 gehäufte Eßl.)

Nährwert pro Person: Eiweiß 23 g, Fett 12 g, Kohlenhydrate 2 g, Kalorien 230, Joule 962.

Das Hähnchenfleisch kalt abspülen, trockentupfen und in feine Streifen schneiden. Das Öl in einem flachen Topf erhitzen und das Fleisch darin von allen Seiten leicht bräunen. Salz und Gewürze zugeben und 2 Tassen heißes Wasser angießen. Alles zugedeckt etwa 20 Minuten schmoren lassen. Wenn nötig, etwas Flüssigkeit nachgießen. Das Mehl mit der sauren Sahne glattrühren und die Sauce damit binden. Die Petersilie vor dem Servieren unter die Sauce mischen.

Das paßt dazu: Fenchelsalat mit Banane (Rezept Seite 35) oder Broccoli (Rezept Seite 45) und körnig gekochter Reis (Seite 62). Als Nachspeise Rhabarber-Orangen-Creme (Rezept Seite 58).

Poularde im Tontopf

Zutaten für 4 Personen: 1200 g (1 mittelgroße) Poularde • Salz, Chili- und Knoblauchpulver nach Geschmack • 1 Bund Suppengrün • 5 g Stärkemehl (1 Teel.) • 1 Prise Zucker • 1/2 Teel. Zitronensaft

Nährwert pro Person: Eiweiß 23 g, Fett 6 g, Kohlenhydrate 2 g, Kalorien 172, Joule 721.

Die gewaschene Poularde von innen und außen salzen und mit Chili- und Knoblauchpulver einreiben. Einen Tontopf nach Vorschrift wässern, die Poularde hineinlegen und das kleingeschnittene Suppengrün um die Poularde verteilen. Den Deckel auflegen, den Tontopf ins kalte Bratrohr schieben und die Poularde bei mittlerer Hitze etwa 50 Minuten garen. Während der letzten 10 Minuten den Deckel abnehmen, damit die Poularde bräunt. Die fertige Poularde herausnehmen und warm stellen. Den Bratensaft in einen kleinen Topf gießen. Das Stärkemehl mit 1 Eßl. Wasser glattrühren und den Bratensaft damit binden. Mit Salz, Zucker und Zitronensaft abschmecken.

Abwandlung für die übrige Familie: Zusätzlich die Sauce mit 2 Eßl. Rotwein abschmekken.

Das paßt dazu: Rosenkohl (Rezept Seite 45) und körnig gekochter Reis (Seite 62). Als Nachspeise Orangengelee (Rezept Seite 57).

Geschmortes Kaninchen

Zutaten für 4 Personen: 1600 g Kaninchen Salz, Chili-, Zwiebel- und Knoblauchpulver nach Geschmack • 30 g Diätöl (3 Eßl.) 5 Pfefferkörner • 5 Pimentkörner 1 Lorbeerblatt • 4 Wacholderbeeren 1 Bund Suppengrün • 60 g (1 mittelgroße) Tomate • 10 g Mehl (1 Eßl.) • 40 g saure Sahne (2 Eßl.) • 1 Prise Zucker

Nährwert pro Person: Eiweiß 32 g, Fett 20 g, Kohlenhydrate 4 g, Kalorien 352, Joule 1473.

Das Kaninchen kalt abspülen, trockentupfen und in kleine Stücke zerlegen. Mit Salz und den Gewürzen einreiben. Das Öl in einem großen, flachen Topf erhitzen und die Kaninchenstücke von allen Seiten kurz anbraten. Die Gewürzkörner, das Lorbeerblatt und das kleingeschnittene Suppengrün dazugeben, 2 Tassen heißes Wasser angießen und das Fleisch zugedeckt etwa 50 Minuten schmoren lassen. Wenn nötig, etwas Flüssigkeit nachgießen. Die Tomate abziehen und achteln und etwa 5 Minuten mitschmoren lassen. Das Mehl mit der sauren Sahne glattrühren und die Sauce damit binden. Mit Salz und Zucker abschmecken. Vor dem Anrichten die Gewürzkörner und das Lorbeerblatt entfernen.

Abwandlung für die übrige Familie: Zusätzlich 3 Scheiben durchwachsenen Räucherspeck würfeln und ausbraten, 2 gewürfelte Zwiebeln darin bräunen und alles über das Gericht geben.

Das paßt dazu: Rettichfrischkost mit Apfel (Rezept Seite 35) oder Möhrengemüse (Rezept Seite 46) und Salzkartoffeln (Seite 62). Als Nachspeise Birnen mit Preiselbeeren (Rezept Seite 59).

Gemüse- und Kartoffelgerichte

Prinzeßbohnen

Zutaten für 4 Personen: 20 g Diätmargarine oder Butter (1 gestrichener Eßl.) 900 g Prinzeßbohnen, frisch oder tiefgekühlt Salz nach Geschmack • 1 Prise getrocknetes Bohnenkraut oder 2 Ästchen frisches Bohnenkraut • 5 g fein gehackte Petersilie (1 gehäufter Eßl.)

Nährwert pro Person: Eiweiß 4 g, Fett 4 g, Kohlenhydrate 11 g, Kalorien 108, Joule 454.

Das Fett in einem flachen Topf zerlaufen lassen. Die vorbereiteten Prinzeßbohnen (tiefgekühlte Bohnen unaufgetaut) einfüllen, mit Salz und Bohnenkraut bestreuen, mit 2 Tassen heißem Wasser angießen und zugedeckt bei milder Hitze etwa 20 Minuten dünsten. Vor dem Anrichten das Gemüse mit Petersilie bestreuen.

Abwandlung für die übrige Familie: Zusätzlich 2 Eßl. Butter unter die Prinzeßbohnen mischen und weißen Pfeffer aufstreuen.

Das paßt dazu: Kalbsschnitzel vom Grill (Rezept Seite 41).

Broccoli Umschlagfoto

Zutaten für 4 Personen: $^1/_4$ l Wasser • Salz 3 Pfefferkörner • 5 Pimentkörner 1 kg Broccoli • 20 g Diätmargarine oder Butter (1 gestrichener Eßl.) • 10 g fein gehackte Petersilie (2 gehäufte Eßl.)

Nährwert pro Person: Eiweiß 8 g, Fett 4 g, Kohlenhydrate 10 g, Kalorien 122, Joule 512

Das Salzwasser mit den Gewürzkörnern zum Kochen bringen. Die Broccolistauden waschen und putzen, dabei die harten Stengelenden abschneiden. Die zarten Stengel kleinschneiden, zusammen mit den jungen Blättern und den kleinen Röschen ins kochende Salzwasser geben und zugedeckt bei milder Hitze etwa 25 Minuten garen. Das Fett in Flöckchen auf den heißen Broccoli verteilen und zerfließen lassen. Wenn nötig, noch mit Salz würzen. Mit der Petersilie bestreut servieren. Die Gewürzkörner vor dem Anrichten entfernen.

Abwandlung für die übrige Familie: Zusätzlich das Gemüse mit 2 Eßl. gebräunter Butter begießen und mit weißem Pfeffer bestreuen.

Das paßt dazu: Rinderroulade mit Gemüsefüllung in der Braten-Klarsichtfolie (Rezept Seite 39).

Rosenkohl

Zutaten für 4 Personen: $^1/_4$ l Wasser • Salz 1 kg Rosenkohl, frisch oder tiefgekühlt 20 g Diätmargarine oder Butter (1 gestrichener Eßl.) • Chilipulver und geriebener Muskat nach Geschmack • 10 g fein gehackte Petersilie (2 gehäufte Eßl.)

Nährwert pro Person: Eiweiß 10 g, Fett 7 g, Kohlenhydrate 15 g, Kalorien 144, Joule 603.

Das Salzwasser zum Kochen bringen. Den geputzten Rosenkohl ins kochende Wasser geben (tiefgekühlten Rosenkohl unaufgetaut) und zugedeckt etwa 20 Minuten bei milder Hitze garen. Kurz vor Beendigung der Garzeit das Fett zugeben und den Rosenkohl darin schwenken. Mit Chilipulver, Muskat und, wenn nötig, Salz abschmecken. Das Gemüse mit der Petersilie bestreut servieren.

Abwandlung für die übrige Familie: Zusätzlich Semmelbrösel in Butter bräunen und über den Rosenkohl gießen.

Das paßt dazu: geschmortes Kaninchen (Rezept Seite 44), Poularde im Tontopf (Rezept Seite 43).

Spinat

Zutaten für 4 Personen: 1/8 l Wasser · Salz 4 Pfefferkörner · 4 Pimentkörner 900 g (2 Packungen zu je 450 g) tiefgefrorener Spinat · Chili-, Zwiebel-, Knoblauchpulver und geriebener Muskat nach Geschmack · 1 Prise Zucker · 20 g Diätmargarine oder Butter (1 gestrichener Eßl.)

Nährwert pro Person: Eiweiß 4 g, Fett 4 g, Kohlenhydrate 4 g, Kalorien 87, Joule 366.

Das Salzwasser mit den Gewürzkörnern zum Kochen bringen, den unaufgetauten Spinat hineingeben, zudecken und bei milder Hitze etwa 20 Minuten garen. Mit Salz, den Gewürzen und dem Zucker abschmecken. Zuletzt das Fett untermischen.

Abwandlung für die übrige Familie: Zusätzlich 2 Scheiben durchwachsenen Räucherspeck würfeln und ausbraten, 2 gewürfelte Zwiebeln darin bräunen und alles ans Gemüse geben.

Das paßt dazu: gekochtes Rindfleisch (Rezept Seite 39).

Möhrengemüse

Zutaten für 4 Personen: 1/4 l Wasser · Salz 4 Pimentkörner · 1 kg frische Möhren 20 g Diätmargarine oder Butter (1 gestrichener Eßl.) · 10 g Zucker oder Fruchtzucker (2 Teel.) · 10 g fein gehackte Petersilie (2 gehäufte Eßl.)

Nährwert pro Person: Eiweiß 2 g, Fett 4 g, Kohlenhydrate 18 g, Kalorien 121, Joule 507.

Das Salzwasser mit den Pimentkörnern zum Kochen bringen. Die Möhren putzen, waschen und in Würfel oder Stifte schneiden, ins kochende Wasser geben und zugedeckt bei milder Hitze 20–25 Minuten dünsten. Das Fett unter das gare Gemüse mischen. Mit Salz und Zucker abschmecken und die Petersilie aufstreuen. Vor dem Anrichten die Pimentkörner entfernen.

Abwandlung für die übrige Familie: Zusätzlich 2 Eßl. Butter unter das heiße Gemüse mischen.

Das paßt dazu: geschnetzeltes Hähnchenfleisch mit Estragon und Rosmarin (Rezept Seite 43).

Buntes Gemüse

Bild Seite 51

Zutaten für 4 Personen: 30 g Butter (1 1/2 Eßl.) · 230 g Champignons (1 mittelgroße Dose) · 120 g (3 mittelgroße) grüne Paprikaschoten · 20 g (2 kleine) Pfefferschoten · Salz nach Geschmack · 500 g (12 mit-

telgroße) Tomaten • Chilipulver nach Geschmack

Nährwert pro Person: Eiweiß 3 g, Fett 7 g, Kohlenhydrate 7 g, Kalorien 101, Joule 429.

Die Butter in einem flachen Topf zerfließen lassen. Die Champignons abtropfen lassen und blättrig schneiden. Die Paprika- und die Pfefferschoten waschen, halbieren, vom Kerngehäuse befreien und in Streifen schneiden. Champignonblättchen und Paprikastreifen in den Topf füllen, mit Salz würzen und mit 3 Eßl. Champignonflüssigkeit angießen. Das Gemüse zugedeckt bei milder Hitze 10–15 Minuten garen. Das gare Gemüse mit Chilipulver und evtl. noch Salz abschmecken. Die Tomaten überbrühen, abziehen und halbieren, die Kerne herausdrücken und das Fleisch klein würfeln. Das Gemüse in eine vorgewärmte Schüssel füllen und die Tomatenwürfel darübergeben.

Das paßt dazu: gegrilltes Filetsteak (Rezept Seite 41).

Überbackener Chicorée

Zutaten für 4 Personen: 1/4 l Wasser • Salz
6 Pimentkörner • 6 Pfefferkörner
1 kg (8 mittelgroße Stauden) Chicorée
5 g Diätmargarine oder Butter (1 gestrichener Teel.) • 80 g (2 große Scheiben) Käse mit 40 % Fett i. Tr.

Nährwert pro Person: Eiweiß 7 g, Fett 5 g, Kohlenhydrate 5 g, Kalorien 108, Joule 452.

Das Salzwasser mit den Gewürzkörnern zum Kochen bringen. Den Chicorée putzen und waschen. Die Stauden mit Fäden umwickeln, ins kochende Wasser geben und zugedeckt bei mittlerer Hitze 15–20 Minuten garen. Eine feuerfeste Form ausfetten. Die Chicoréestauden abtropfen lassen, in die Form legen und mit den Käsescheiben bedecken. Im vorgeheizten Grill oder Backofen 3–5 Minuten überbacken.

Das paßt dazu: gekochtes Rindfleisch (Rezept Seite 39), gegrilltes Filetsteak (Rezept Seite 41).

Gebackene Pellkartoffeln

Zutaten für 4 Personen: 1/2 Teel. Diätöl
800 g (16 mittelgroße) Kartoffeln
80 g Diätmargarine oder Butter (4 gestrichene Eßl.) • Salz, Zwiebel- und Knoblauchpulver nach Geschmack • 20 g fein gehackte Kresse (4 gehäufte Eßl.)

Nährwert pro Person: Eiweiß 4 g, Fett 16 g, Kohlenhydrate 30 g, Kalorien 290, Joule 1217.

Ein Backblech einölen. Die Kartoffeln unter fließendem Wasser gründlich bürsten und der Länge nach einmal durchschneiden. Die Kartoffelhälften, die Schnittflächen nach oben, auf das Blech legen, Fettflöckchen aufsetzen und Salz, Zwiebel- und Knoblauchpulver aufstreuen. Im vorgeheizten Backofen bei mittlerer Hitze etwa 30 Minuten backen. Auf vorgewärmten Tellern anrichten und die Kresse darüberstreuen.

Abwandlung für die übrige Familie: Zusätzlich je 1 dünne Scheibe durchwachsenen

Räucherspeck auf die Kartoffelschnittfläche legen und darauf die Fettflöckchen setzen.

Das paßt dazu: ein grüner oder gemischter Salat.

Kartoffelpüree mit Birnen und Preiselbeeren

Zutaten für 4 Personen: 125 g Püreepulver (1 Päckchen) • 1/2 l Wasser • Salz 1/4 l Trinkmilch • 200 g (4 halbe mittelgroße) Birnen aus der Dose • 160 g Preiselbeerkompott aus der Dose (4 gehäufte Eßl.) 10 g Zitronensaft (1 Eßl.) • 1 Prise Knoblauchpulver

Nährwert pro Person: Eiweiß 5 g, Fett 3 g, Kohlenhydrate 56, g, Kalorien 223, Joule 933.

Das Kartoffelpüree nach Vorschrift mit Wasser, Salz und Milch bereiten. Die Birnen in kleine Stücke schneiden und zusammen mit dem Preiselbeerkompott und dem Zitronensaft mit einem Schneebesen unter das Püree schlagen. Mit Salz und Knoblauchpulver abschmecken.

Abwandlung für die übrige Familie: Zusätzlich 1 gehäuften Eßl. Butter unter das heiße Püree mischen.

Das paßt dazu: geschmortes Kaninchen (Rezept Seite 44).

Kartoffelsalat mit saurer Sahne

Zutaten für 4 Personen: 1/4 l Wasser • Salz 600 g (etwa 12 mittelgroße) Kartoffeln 150 g saure Sahne (1 Becher) • 50 g Buttermilch (5 Eßl.) • 60 g (1 weichgekochtes) Ei 30 g Zitronensaft (3 Eßl.) • 10 g Zucker oder Fruchtzucker (2 Teel.) • Knoblauch-, Zwiebel-, Chili- und Pimentpulver nach Geschmack • 80 g (1 mittelgroßer) Apfel 120 g (2 mittelgroße) Tomaten • je 10 g Petersilie und Kresse, fein gehackt (je 2 gehäufte Eßl.)

Nährwert pro Person: Eiweiß 6 g, Fett 5 g, Kohlenhydrate 37 g, Kalorien 231, Joule 966.

Das Salzwasser zum Kochen bringen und die Kartoffeln zugedeckt etwa 25 Minuten darin garen. Die Kartoffeln etwas abkühlen lassen, dann schälen und in mittelgroße Würfel schneiden. Die saure Sahne und die Buttermilch mit dem Eigelb verrühren. Mit Salz, Zitronensaft, Zucker und den Gewürzen abschmecken. Den Apfel schälen, vierteln und vom Kerngehäuse befreien. Die Tomaten abziehen. Apfel, Tomaten und Eiweiß fein würfeln und zusammen mit den Kartoffelwürfeln in die Sahnesauce geben. Alles miteinander mischen. Den Kartoffelsalat zugedeckt 30–45 Minuten ziehen lassen, dann eventuell nachwürzen. Vor dem Servieren mit den Kräutern bestreuen.

Abwandlung für die übrige Familie: Zusätzlich 2 mittelgroße Zwiebeln fein würfeln und unter den Salat mischen.

Das paßt dazu: Poularde im Tontopf (Rezept Seite 43).

Reis- und Grießgerichte

Gemüsereis mit Eierstich

Zutaten für 4 Personen: 250 g Brüh- oder Langkornreis (2 Kochbeutel) · 1/2 Teel Diätöl · 120 g (2 mittelgroße) Eier · 300 g (1 mittelgroße Dose) feine Erbsen · 200 g (3 mittelgroße) Tomaten · 20 g Diätmargarine oder Butter (1 gestrichener Eßl.) · 10 g fein gehackte Petersilie (2 gehäufte Eßl.)

Nährwert pro Person: Eiweiß 11 g, Fett 7 g, Kohlenhydrate 59 g, Kalorien 371, Joule 1554.

Den Reis in reichlich Salzwasser in etwa 15 Minuten körnig kochen. Dann kalt abschrecken und abtropfen lassen. Die Eier mit Salz verquirlen, in eine flache, mit Öl ausgestrichene Schüssel gießen und im Wasserbad 10 Minuten stocken lassen. Dann auf ein Brett stürzen und klein würfeln. Die Erbsen abtropfen lassen. Die Tomaten abziehen und in kleine Stücke schneiden. Das Fett in einem großen, flachen Topf schmelzen lassen, den Reis darin erhitzen und den Eierstich, die Erbsen und die Tomaten vorsichtig untermischen. Mit Petersilie bestreuen.

Abwandlung für die übrige Familie: Zusätzlich 1 gehäuften Eßl. Butter untermischen.

Das paßt dazu: Rindfleischfrikadellen mit Parmesan (Rezept Seite 40).

Safranreis mit Kapern

Zutaten für 4 Personen: 250 g Brüh- oder Langkornreis (2 Kochbeutel) · 20 g Diätmargarine oder Butter (1 gestrichener Eßl.) Safran, Salz, Knoblauch- und Zwiebelpulver nach Geschmack · 1 Röhrchen Kapern

Nährwert pro Person: Eiweiß 4 g, Fett 4 g, Kohlenhydrate 49 g, Kalorien 268, Joule 1122.

Den Reis in reichlich Salzwasser in etwa 15 Minuten körnig kochen. Dann abschrecken und abtropfen lassen. In einem großen, flachen Topf das Fett schmelzen lassen und den Reis darin erhitzen. Mit Safran, Salz, Knoblauch- und Zwiebelpulver würzen. Zuletzt die abgetropften Kapern vorsichtig unterziehen.

Abwandlung für die übrige Familie: Zusätzlich 1 Eßl. Butter unter den Reis mischen.

Das paßt dazu: gekochtes Rindfleisch (Rezept Seite 39).

Grieß-Mandel-Quarkspeise mit Pflaumensauce

Zutaten für 4 Personen: 1/4 l Trinkmilch
Zitronenschale (unbehandelt) nach Geschmack · 1 Prise Salz · 40 g Zucker oder Fruchtzucker (2 Eßl.) · 30 g Grieß (2 Eßl.)
40 g gehackte süße Mandeln (4 Eßl.)
1 Tropfen Butter-Vanille-Aroma · 1 Messerspitze Anispulver · 125 g Magerquark
60 g (1 mittelgroßes) Ei
Für die Pflaumensauce: 230 g Pflaumen (1 mittelgroßes) Glas

Nährwert pro Person: Eiweiß 12 g, Fett 9 g, Kohlenhydrate 33 g, Kalorien 275, Joule 1152.

*Eine festliche Mahlzeit: gegrillte Filetsteaks ▷
(Rezept Seite 41) mit buntem Gemüse
(Rezept Seite 46)*

Die Milch mit der Zitronenschale, dem Salz und dem Zucker zum Kochen bringen. Unter Rühren den Grieß einstreuen und etwa 10 Minuten quellen lassen. Den heißen Grießbrei in eine Schüssel füllen und die Mandeln, das Aroma und das Anispulver untermischen. Den Quark mit dem Eigelb und mit 4 Eßl. Grießbrei verrühren. Das Eiweiß zu steifem Schnee schlagen und unter den heißen Grießbrei heben, erst dann den Quark mit dem Eigelb untermengen. Die Grießspeise auf Dessertteller verteilen. Die Pflaumen mit der Flüssigkeit im Mixer verquirlen und als Sauce über die Grieß-Mandel-Quarkspeise gießen.

Abwandlung für die übrige Familie: Zusätzlich die Speise mit Cognac flambieren.

Käse-Grießklöße

*Zutaten für 4 Personen: 1/4 l Wasser · Salz
1/2 l Trinkmilch · 160 g Grieß
124 g Schmelzkäse mit 20 % Fett i. Tr.
(2 Ecken) · Chili-, Knoblauch- und Zwiebelpulver und geriebener Muskat nach Geschmack · 60 g (1 mittelgroßes) Ei*

Nährwert pro Person: Eiweiß 15 g, Fett 9 g, Kohlenhydrate 39 g, Kalorien 313, Joule 1311.

Das Wasser mit dem Salz und der Milch zum Kochen bringen. Den Grieß unter ständigem Rühren einlaufen und etwa 10 Minuten quellen lassen. Den Schmelzkäse in Spänen unter den heißen Grießbrei mischen und gut unterrühren. Mit Salz, Chili- und Knoblauchpulver und Muskat abschmecken. Den Brei etwas abkühlen lassen. Dann das ganze Ei untermischen. In einem großen Topf 1 1/2 l Salzwasser zum Kochen bringen. Mit 2 Eßlöffeln Klöße abstechen – die Menge ergibt 18–20 Stück –, ins siedende Salzwasser legen und etwa 10 Minuten garen.

Abwandlung für die übrige Familie: Zusätzlich die Käse-Grießklöße mit in Butter gebräunten Semmelbröseln begießen.

Das paßt dazu: Schinken-Kräuter-Sauce (Rezept Seite 30) und ein grüner oder gemischter Salat.

◁ *Eine luftige Köstlichkeit: Schaumomelette mit Erdbeeren (Rezept Seite 53).*

Ei- und Nudelgerichte

Verlorene Eier

Zutaten für 4 Personen: 2 l Wasser • Salz und Essig nach Geschmack • 480 g (8 mittelgroße) Eier

Nährwert pro Person: Eiweiß 14 g, Fett 12 g, Kohlenhydrate –, Kalorien 176, Joule 737.

Das Salzwasser mit dem Essig zum Kochen bringen. Die Eier einzeln in einen Schöpflöffel schlagen und vorsichtig ins Wasser gleiten lassen. Bei milder Hitze 4–5 Minuten ziehen lassen. Dann mit einem Schaumlöffel herausheben.

Das paßt dazu: Apfel-Meerrettich-Sauce (Rezept Seite 29), Spinat (Rezept Seite 46) und Pellkartoffeln (Seite 62). Als Nachspeise Orangengelee (Rezept Seite 57).

Schaumomelette mit Erdbeeren
Bild linke Seite

Zutaten für 4 Personen: 500 g Erdbeeren, frisch oder tiefgekühlt • 20 g Diätmargarine oder Butter (4 gestrichene Teel.) 480 g (8 mittelgroße) Eier • 1 Prise Salz 40 g Zucker oder Fruchtzucker (2 Eßl.) 20 g Stärkemehl (4 Teel.) • 20 g Puderzucker (4 gehäufte Teel.)

Nährwert pro Person: Eiweiß 15 g, Fett 17 g, Kohlenhydrate 28 g, Kalorien 336, Joule 1410.

Frische Erdbeeren waschen, abtropfen lassen, entstielen und halbieren. Einen Teel. Fett in einer großen beschichteten Pfanne zerfließen lassen. Für jede Omelette zwei Eier in Eigelbe und Eiweiße trennen. Die Eigelbe mit 1 Prise Salz, 1/2 Eßl. Zucker und 1 Teel. Stärkemehl verrühren. Die Eiweiße zu steifem Schnee schlagen und unter die Eigelbe heben. Die Masse in die Pfanne gießen, zudecken und bei milder Hitze in 10–12 Minuten stocken lassen. In die schaumige Oberfläche die Erdbeeren versinken lassen, dann die Omelette nochmals 2–3 Minuten garen. Die Omelette zusammenklappen und mit einem breiten Messer auf einen Teller heben. Mit Puderzucker bestreuen. Die übrigen 3 Omeletten ebenso bereiten.

Nudel-Champignon-Salat

Zutaten für 4 Personen: 4 Pimentkörner 6 Pfefferkörner • 250 g Hörnchennudeln 250 g saure Sahne (2 Becher) • 30 g Zitronensaft (3 Eßl.) • 20 g Zucker oder Fruchtzucker (1 Eßl.) • Chili-, Knoblauch- und Zwiebelpulver nach Geschmack 230 g Champignons (1 mittelgroße Dose) 120 g (1 großer) Apfel • 120 g (2 mittelgroße) Tomaten • 1 Röhrchen Kapern 10 g fein gehackte Petersilie (2 gehäufte Eßl.)

Nährwert pro Person: Eiweiß 11 g, Fett 8 g, Kohlenhydrate 59 g, Kalorien 380, Joule 1592.

Reichlich Salzwasser mit den Gewürzkörnern zum Kochen bringen und die Nudeln etwa 15 Minuten darin garen. Dann auf ein Sieb schütten, abschrecken und abtropfen lassen. Aus der sauren Sahne, dem Zitronensaft, dem Zucker, Salz und den Gewürzen eine Sauce rühren. Die Champignons in Blättchen schneiden. Den Apfel schälen, achteln, vom Kerngehäuse befreien und ebenfalls in Blättchen schneiden. Die Tomaten abziehen, klein würfeln und zusammen mit den übrigen Salatzutaten in die Sauce geben. Zuletzt die abgetropften Kapern unterheben. Den Nudelsalat etwa 20 Minuten zugedeckt ziehen lassen. Vor dem Servieren den Salat mit Petersilie bestreuen.

Das paßt dazu: kalte Rindfleischfrikadellen mit Parmesan (Rezept Seite 40).

Bunter Nudelsalat

Zutaten für 4 Personen: 80 g Nudeln oder Hörnchen (8 Eßl.) • 150 g saure Sahne mit 10% Fett (1 Becher) • 10 g Zucker oder Fruchtzucker (2 Teel.) • Salz • Basilikum- und Kerbelpulver oder frische, fein gehackte Kräuter nach Geschmack • 10 g Zitronensaft (1 Eßl.) • 150 g Bierschinken • 150 g (1 großer) Apfel • 120 g (1 große) Orange, filiert

Nährwert pro Person: Eiweiß 10 g, Fett 11 g, Kohlenhydrate 26 g, Kalorien 260, Joule 1090.

Die Nudeln in Salzwasser kochen, kalt abschrecken und abtropfen lassen. Aus der Sahne, dem Zucker, Salz, den Kräutern und dem Zitronensaft eine Marinade rühren. Die Wurst klein würfeln. Den Apfel schälen, vierteln, vom Kerngehäuse befreien und ebenfalls klein würfeln. Die Orange filieren. Alle Zutaten mit der Marinade vermischen. Den Salat zugedeckt etwa 20 Minuten ziehen lassen. Vor dem Servieren nochmals abschmecken.

Spaghetti-Quark-Auflauf mit Sauerkirschsauce

Zutaten für 4 Personen: 1/2 Teel Diätöl 100 g Spaghetti • 180 g (3 mittelgroße) Eier 250 g Magerquark • 60 g Zucker oder Fruchtzucker (3 Eßl.) • 10 g Zitronensaft (1 Eßl.) • geriebene Zitronenschale (unbehandelt) nach Geschmack • 230 g Sauerkirschen (1 mittelgroßes Glas)
Für die Kirschsauce: 150 g Kirschensaft 3 g Stärkemehl (1 gestrichener Teel.)

Nährwert pro Person: Eiweiß 19 g, Fett 6 g, Kohlenhydrate 46 g, Kalorien 327, Joule 1368.

Eine Auflaufform mit dem Öl auspinseln. Reichlich Salzwasser zum Kochen bringen, die Spaghetti in etwa 4 cm lange Stücke brechen und darin 10–15 Minuten garen. Dann abschrecken und abtropfen lassen. Die Eigelbe von den Eiweißen trennen. Den Quark mit den Eigelben, dem Zucker, dem Zitronensaft und der Zitronenschale glattrühren, dann die Spaghetti untermischen. Die Eiweiße zu steifem Schnee schlagen und unter die Masse heben. Die Kirschen auf ein Sieb schütten und die Flüssigkeit in einer kleinen Kasserolle auffangen. Den Kirschsaft zum Kochen bringen. Das Stärkemehl mit 1 Eßl. Wasser glattrühren und den Saft damit binden. Die Sauce abkühlen lassen. Die Hälfte der Auflaufmasse in die Form füllen, die Kirschen darauf verteilen und mit dem Rest der Masse zudecken. Den Auflauf im vorgeheizten Backofen bei mittlerer Hitze 35–45 Minuten überbacken. Auf Teller verteilen und mit der Kirschsauce übergießen.

Eintöpfe, Aufläufe

Rindfleisch-Eintopf mit Möhren und Äpfeln

Zutaten für 4 Personen: 2 l Wasser · Salz 6 Pimentkörner · 6 Pfefferkörner 1 Lorbeerblatt · 600 g Rindfleisch (Brust oder Beinscheiben) · 800 g Möhren, frisch oder tiefgekühlt · 400 g (8 mittelgroße) Kartoffeln · 160 g (2 mittelgroße) Äpfel Chili-, Knoblauch- und Pimentpulver nach Geschmack · 1 Prise Zucker · 20 g fein gehackte Petersilie (4 gehäufte Eßl.)

Nährwert pro Person: Eiweiß 27 g, Fett 16 g, Kohlenhydrate 36 g, Kalorien 424, Joule 1775.

Das Salzwasser mit den Gewürzen zum Kochen bringen. Das Fleisch kalt abspülen, ins kochende Wasser geben und zugedeckt bei mittlerer Hitze etwa 1¼ Stunden garen. Herausnehmen und warm stellen. Die Möhren putzen, in kleine Würfel oder Stifte schneiden und in der Fleischbrühe etwa 15 Minuten kochen. Die Kartoffeln schälen, in Würfel oder Stifte schneiden, zu den Möhren geben und alles etwa 10 Minuten weitergaren. Die Äpfel schälen, vierteln, vom Kerngehäuse befreien, in dicke Scheiben schneiden, unter die Möhren und Kartoffeln mischen und etwa 5 Minuten ziehen lassen. Mit den Gewürzen, Salz und Zucker abschmecken. Vor dem Servieren die Gewürzkörner und das Lorbeerblatt entfernen und die Petersilie aufstreuen. Das Fleisch in Würfel schneiden, auf tiefe Teller verteilen und den Eintopf darüberfüllen.

Das paßt dazu: Als Nachspeise Joghurtcreme mit Bananen (Rezept Seite 60).

Erbsentopf mit Hackfleischklößchen

Zutaten für 4 Personen: 2 l Wasser · Salz 2 Lorbeerblätter · 4 Pimentkörner 6 Pfefferkörner · 250 g gelbe Schälerbsen 1 Bund Suppengrün · 20 g Instant-Fleischbrühe (1 gehäufter Eßl.) · 500 g (10 mittelgroße) Kartoffeln · 560 g feine Erbsen und Möhren (1 große Dose)
Für die Hackfleischklößchen: 250 g Tatar 200 g gemischtes Hackfleisch · 60 g (1 mittelgroßes) Ei · 40 g Semmelbrösel (4 Eßl.) Knoblauch-, Zwiebel- und Pimentpulver nach Geschmack · 10 g fein gehackte Petersilie (2 gehäufte Eßl.)

Nährwert pro Person: Eiweiß 45 g, Fett 13 g, Kohlenhydrate 81 g, Kalorien 659, Joule 2761.

Das Salzwasser mit den Gewürzen zum Kochen bringen. Die Erbsen zusammen mit dem kleingeschnittenen Suppengrün und der Instant-Fleischbrühe ins Wasser geben und zugedeckt etwa 1 Stunde bei mittlerer Hitze garen. Die Kartoffeln klein würfeln. Die Kartoffeln, das Erbsen-Möhrengemüse mit der Flüssigkeit zu den Erbsen schütten, zudecken und nochmals 10 Minuten leise kochen lassen. Aus dem Tatar, dem Hackfleisch, dem Ei, den Semmelbröseln, 4 Eßl. Wasser, Salz und den Gewürzen einen Fleischteig bereiten. Etwa 8 Klößchen daraus formen, in den Eintopf legen und zugedeckt 10–15 Minuten ziehen lassen. Vor dem Anrichten den Erbsentopf mit Petersilie bestreuen.

Das paßt dazu: Als Nachspeise Birnen mit Preiselbeeren (Rezept Seite 59).

Sauerkraut-Fisch-Auflauf

Zutaten für 4 Personen: $^1/_2$ Teel. Diätöl
400 g Sauerkraut · 5 g Zucker oder Fruchtzucker (1 Teel.) · 2 Pimentkörner
4 Pfefferkörner · 4 Wacholderbeeren
1 Lorbeerblatt · 320 g Apfelmus (8 gehäufte Eßl.) · 500 g Kabeljaufilet (4 Scheiben)
20 g Zitronensaft (2 Eßl.) · Salz
100 g gekochter Schinken · 90 g Schnittkäse mit 40% Fett i. Tr. (3 Scheiben)

Nährwert pro Person: Eiweiß 33 g, Fett 10 g, Kohlenhydrate 22 g, Kalorien 332, Joule 1392.

Eine Auflaufform mit Deckel mit dem Öl auspinseln. Das Sauerkraut fein schneiden und mit den Gewürzkörnern, dem Lorbeerblatt und dem Apfelmus vermischen. Die Fischfilets kalt abspülen, trockentupfen, mit Zitronensaft beträufeln und mit Salz bestreuen. Den Schinken klein würfeln. Das Sauerkraut in die Auflaufform füllen, den Fisch darauflegen und die Schinkenwürfel darüberstreuen. Den Deckel auflegen. Den Auflauf im vorgeheizten Backofen bei mittlerer Hitze etwa 25 Minuten garen. Dann den Deckel abnehmen, die Käsescheiben auflegen und den Auflauf unbedeckt 3–5 Minuten überbacken.

Das paßt dazu: Als Vorspeise Tee-Zitronen-Kaltschale mit Honigmelone (Rezept Seite 28), Salzkartoffeln (Seite 62).

Zwieback-Aprikosen-Auflauf

Zutaten für 4 Personen: $^1/_2$ Teel. Diätöl
50 g Zwieback (5 Stück) · $^1/_8$ l Trinkmilch
180 g (3 mittelgroße) Eier · 20 g Zucker oder Fruchtzucker (1 Eßl.) · 475 g Aprikosen (1 große Dose)

Nährwert pro Person: Eiweiß 9 g, Fett 6 g, Kohlenhydrate 43 g, Kalorien 267, Joule 1118.

Eine Auflaufform mit dem Öl auspinseln. Die Zwiebäcke in die Milch hineinbröckeln und etwa 5 Minuten weichen lassen. Die Eier in Eiweiß und Eigelb trennen. Die Eigelbe mit dem Zucker schaumig rühren. Die Aprikosen zum Abtropfen auf ein Sieb schütten. Den Zwiebackbrei mit den Eigelben und den Aprikosen verrühren. Die Eiweiße zu steifem Schnee schlagen und unterheben. Die Masse in die Auflaufform füllen. Den Auflauf im vorgeheizten Backofen bei mittlerer Hitze 30–40 Minuten garen.

Das paßt dazu: Als Vorspeise Gemüsesuppe (Rezept Seite 27).

Obstsalat aus Mandarinen, Grapefruit und Erdbeeren

Zutaten für 4 Personen: 190 g Mandarinen (1 mittelgroße Dose) • 220 g (1 große) Grapefruit • 250 g Erdbeeren, frisch oder tiefgekühlt • 5 g Zitronensaft (1 Teel.)

Nährwert pro Person: Eiweiß 1 g, Fett –, Kohlenhydrate 18 g, Kalorien 76, Joule 320.

Die Mandarinen mit dem Saft in eine Schüssel gießen. Die Grapefruit schälen und filieren. Die Erdbeeren waschen, abtropfen lassen, entstielen und halbieren (oder auftauen lassen). Alle Früchte miteinander mischen. Mit Zitronensaft abschmecken.

Abwandlung für die übrige Familie: Zusätzlich 1 Schuß Kirschwasser untermischen und den Obstsalat eisgekühlt servieren.

Orangengelee

Zutaten für 4 Personen: 400 g Orangensaft (von 4 großen süßen Orangen) • 40 g Zitronensaft (4 Eßl.) • 10 g Zucker oder Fruchtzucker (2 Teel.) • 12 g gemahlene weiße Gelatine (6 gestrichene Teel.) oder 6 Blatt weiße Gelatine

Nährwert pro Person: Eiweiß 3 g, Fett –, Kohlenhydrate 13 g, Kalorien 69, Joule 291.

Den Organgensaft durch ein Haarsieb gießen und mit Zitronensaft und Zucker verrühren. Die nach Vorschrift aufgelöste Gelatine untermischen. Den Saft in Schälchen füllen und im Kühlschrank erstarren lassen.

Abwandlung für die übrige Familie: Das Orangengelee mit einem großen Tupfer Sahne, abgeschmeckt mit ein paar Tropfen Cointreau, verzieren.

Vanilleschaum mit heißen Himbeeren

Zutaten für 4 Personen: 1/8 l Trinkmilch 1/4 Stange Vanilleschote • 10 g Vanillepuddingpulver (1 Eßl.) • 5 g Zucker oder Fruchtzucker (1 Teel.) • 40 g (1 großes) Eiweiß
Für die Himbeeren: 40 g Zucker oder Fruchtzucker (2 Eßl.) • 300 g Himbeeren, tiefgekühlt • 10 g Stärkemehl (2 Teel.) 1/2 Teel. Zitronensaft

Nährwert pro Person: Eiweiß 3 g, Fett 1 g, Kohlenhydrate 23 g, Kalorien 119, Joule 497.

Von der Milch 3 Eßl. zum Anrühren abnehmen. Den Rest mit der halbierten Vanilleschote und dem Zucker zum Kochen bringen. Das Puddingpulver mit der abgenommenen Milch glattrühren und in die kochende Milch einlaufen lassen. Das Eiweiß steif schlagen und unter den Vanillepudding heben. Die Masse schaumig schlagen und auf Schälchen verteilen. 1/8 l Wasser mit dem Zucker zum Kochen bringen, die Himbeeren unaufgetaut hineingeben und zugedeckt etwa 5 Minuten garen. Das Stärkemehl mit 2 Eßl. Wasser glattrühren und an die Himbeeren rühren. Den Vanilleschaum mit den heißen Himbeeren überziehen.

Zitronenquark

Zutaten für 4 Personen: 250 g Magerquark 1/8 l Trinkmilch • 20 g Zucker oder Fruchtzucker (1 Eßl.) • 10 g Zitronensaft (1 Eßl.) geriebene Zitronenschale (unbehandelt) nach Geschmack • 3 g gemahlene weiße Gelatine (1 gehäufter Teel.) oder 1 1/2 Blatt Gelatine

Nährwert pro Person: Eiweiß 12 g, Fett 1 g, Kohlenhydrate 8 g, Kalorien 98, Joule 412.

Den Quark mit der Milch, dem Zucker, dem Zitronensaft und der Zitronenschale glattrühren. Die nach Vorschrift aufgelöste Gelatine untermischen. Die Masse in Schälchen füllen und im Kühlschrank erstarren lassen.

Rhabarber-Orangen-Creme

Zutaten für 4 Personen: 500 g (5 mittelgroße) Rhabarberstangen • 1 Stück Zitronenschale (unbehandelt) • 40 g Zucker oder Fruchtzucker (2 Eßl.) • 1 Messerspitze Ingwerpulver • 80 g Orangensaft (von 2 mittelgroßen Orangen) • 4 g gemahlene weiße Gelatine (2 gestrichene Teel.) oder 2 Blatt Gelatine • 100 g Schlagsahne

Nährwert pro Person: Eiweiß 3 g, Fett 7 g, Kohlenhydrate 18 g, Kalorien 153, Joule 639.

Den Rhabarber waschen, schälen und in 1–1 1/2 cm lange Stücke schneiden. 1/8 l Wasser mit der Zitronenschale und dem Zucker zum Kochen bringen. Die Rhabarberstücke zugedeckt 5–7 Minuten darin garen, dann in eine Schüssel gießen und mit dem Ingwerpulver abschmecken. Die Orangen auspressen und den Saft mit dem Rhabarberkompott verrühren. Die nach Vorschrift aufgelöste Gelatine untermischen. Die Schüssel etwa 10 Minuten in den Kühlschrank stellen, bis die Masse zu stocken beginnt. Danach die steifgeschlagene Sahne unterziehen, die Creme in Schälchen füllen und im Kühlschrank ganz fest werden lassen.

Kirsch-Schokoladen-Creme

Zutaten für 4 Personen: 230 g Schattenmorellen ohne Steine (1 kleines Glas) 10 g Kakao (2 Teel.) • 1 Prise Nelkenpulver 1 Prise Zimtpulver • 1 Prise Ingwerpulver 8 g gemahlene weiße Gelatine (4 gestrichene Teel.) oder 4 Blatt weiße Gelatine 100 g Schlagsahne

Nährwert pro Person: Eiweiß 3 g, Fett 8 g, Kohlenhydrate 13 g, Kalorien 140, Joule 586.

Die Kirschen samt Saft mit dem Kakao und den Gewürzen im Mixer verquirlen. Die nach Vorschrift aufgelöste Gelatine untermischen. Die Masse in eine Schüssel füllen und für etwa 10 Minuten in den Kühlschrank stellen, bis sie zu stocken beginnt. Dann die steifgeschlagene Sahne unterheben und die Creme zum völligen Erstarren wieder in den Kühlschrank stellen.

Apfel-Rosinen-Reis mit Kefir

Zutaten für 4 Personen: 60 g Milch- oder Rundkornreis (4 Eßl.) · 1 Stück Zitronenschale (unbehandelt) · 1 kleines Stück Stangenzimt · 30 g Zucker oder Fruchtzukker (1 1/2 Eßl.) · 40 g Rosinen (2 gehäufte Eßl.) · 150 g (1 großer) Apfel · 4 g gemahlene weiße Gelatine (2 gestrichene Teel.) oder 2 Blatt weiße Gelatine · 250 g Kefir (1 Becher) · 5 g Zitronensaft (1 Teel.)

Nährwert pro Person: Eiweiß 6 g, Fett 2 g, Kohlenhydrate 31 g, Kalorien 171, Joule 718.

Den Reis in reichlich Salzwasser in etwa 15 Minuten körnig kochen. Dann abschrekken und abtropfen lassen. In einer Kasserolle 1/8 l Wasser mit der Zitronenschale, dem Zimt und dem Zucker zum Kochen bringen. Die Rosinen heiß abspülen, in das Zuckerwasser geben und zugedeckt 5–7 Minuten leise kochen lassen. Den Apfel schälen, vierteln, vom Kerngehäuse befreien, in feine Blättchen schneiden und zu den Rosinen geben. Alles etwa 3 Minuten weitergaren. Die Gelatine 3 Minuten einweichen oder quellen lassen, dann unter die heiße Flüssigkeit mischen. Abkühlen lassen, dann den Kefir und den Reis untermischen. Mit Zitronensaft abschmecken. Die Masse in Schälchen füllen und im Kühlschrank erstarren lassen.

Birnen mit Preiselbeeren

Zutaten für 4 Personen: 400 g (4 große halbe) Birnen aus der Dose · 160 g Preiselbeerkompott aus der Dose (4 gehäufte Eßl.)

Nährwert pro Person: Eiweiß –, Fett –, Kohlenhydrate 37 g, Kalorien 150, Joule 628.

Die Birnen auf Dessertschälchen verteilen und das Preiselbeerkompott darüberfüllen.

Vanille-Apfel

Zutaten für 4 Personen: 1/2 l Trinkmilch 15 g Vanillesaucenpulver (1 Päckchen) · 30 g Zucker · Zitronensaft und Zitronenschale (unbehandelt) nach Geschmack · 400 g (4 mittelgroße) Äpfel · 40 g Johannisbeergelee (4 Teel.)

Nährwert pro Person: Eiweiß 5 g, Fett 4 g, Kohlenhydrate 35 g, Kalorien 201, Joule 842.

Aus der Milch, dem Saucenpulver und dem Zucker nach Vorschrift eine Vanillesauce kochen und diese abkühlen lassen. 2 Tassen Wasser mit Zitronensaft und Schale zum Kochen bringen. Die Äpfel schälen, aber ganz lassen, vom Kerngehäuse befreien und zugedeckt im kochenden Wasser 5–8 Minuten garen. Dann die Äpfel herausheben, auf Schälchen setzen, mit der Vanillesauce begießen und mit einem Geleetupfer verzieren.

Kompott aus getrockneten Aprikosen

Zutaten für 4 Personen: 250 g getrocknete Aprikosen · 1/2 l Wasser · 5 g Vanillepuddingpulver (1 Teel). · 5 g Zitronensaft (1 Teel.)

Nährwert pro Person: Eiweiß 3 g, Fett 1 g, Kohlenhydrate 45 g, Kalorien 196, Joule 820.

Die gewaschenen Aprikosen über Nacht in Wasser einweichen. 1/4 l Wasser zum Kochen bringen, die eingeweichten Aprikosen hineingeben und zugedeckt etwa 15 Minuten leise kochen lassen. Das Puddingpulver mit 2 Eßl. Wasser glattrühren und den Saft damit binden. Das Kompott mit dem Zitronensaft abschmecken.

Joghurtcreme mit Bananen

Zutaten für 4 Personen: 250 g (2 mittelgroße) Bananen · 300 g Magermilchjoghurt (2 Becher) · 20 g Zucker oder Fruchtzucker (1 Eßl.) · 10 g Zitronensaft (1 Eßl.) · 1 Prise Ingwerpulver · 2 g gemahlene weiße Gelatine (1 gestrichener Teel.) oder 1 Blatt Gelatine

Nährwert pro Person: Eiweiß 5 g, Fett –, Kohlenhydrate 19 g, Kalorien 93, Joule 387.

Die Bananen schälen und in feine Blättchen schneiden. Die Bananenblättchen mit dem Joghurt, dem Zucker, dem Zitronensaft, dem Ingwerpulver und der nach Vorschrift aufgelösten Gelatine verrühren. Die Creme in Dessertschälchen füllen und etwa 10 Minuten im Kühlschrank stocken lassen.

Abwandlung für die übrige Familie: Zusätzlich 1 großen Tupfer Schlagsahne auf die Creme setzen.

Getränke und Beilagen

Jedes Frühstück und jeder Imbiß kann durch ein Getränk, jede Hauptmahlzeit durch eine der aufgeführten Beilagen ergänzt werden. Vergessen Sie aber bitte nicht, Getränke oder Beilagen bei der täglichen Nährstoff- und Kalorienberechnung zu berücksichtigen.

150 g Apfelsaft (1 Glas)

Nährwert: Eiweiß –, Fett –, Kohlenhydrate 17 g, Kalorien 71, Joule 297.

150 g Brombeersaft (1 Glas)

Nährwert: Eiweiß –, Fett –, Kohlenhydrate 12 g, Kalorien 53, Joule 221.

150 g Holundersaft (1 Glas)

Nährwert: Eiweiß 3 g, Fett –, Kohlenhydrate 12 g, Kalorien 57, Joule 239.

150 g roter Johannisbeersaft (1 Glas)

Nährwert: Eiweiß 1 g, Fett –, Kohlenhydrate 18 g, Kalorien 75, Joule 314.

150 g schwarzer Johannisbeersaft (1 Glas)

Nährwert: Eiweiß 1 g, Fett –, Kohlenhydrate 20 g, Kalorien 83, Joule 347.

150 g frisch gepreßter Orangensaft (1 Glas)

Nährwert: Eiweiß 1 g, Fett –, Kohlenhydrate 15 g, Kalorien 71, Joule 297.

150 g ungesüßter Orangensaft aus der Dose (1 Glas)

Nährwert: Eiweiß 1 g, Fett –, Kohlenhydrate 17 g, Kalorien 74, Joule 310.

150 g frisch gepreßter Grapefruitsaft (1 Glas)

Nährwert: Eiweiß 2 g, Fett –, Kohlenhydrate 14 g, Kalorien 42, Joule 176.

150 g ungesüßter Grapefruitsaft aus der Dose (1 Glas)

Nährwert: Eiweiß 2 g, Fett –, Kohlenhydrate 15 g, Kalorien 45, Joule 188.

150 g Sanddornbeerensaft (1 Glas)

Nährwert: Eiweiß 2 g, Fett –, Kohlenhydrate (keine exakten Werte vorhanden), Kalorien 39, Joule 164.

150 g Traubensaft (1 Glas)

Nährwert: Eiweiß –, Fett –, Kohlenhydrate 27 g, Kalorien 111, Joule 465.

150 g Möhrensaft (1 Glas)

Nährwert: Eiweiß 1 g, Fett –, Kohlenhydrate 9 g, Kalorien 45, Joule 188.

150 g Sauerkrautsaft (1 Glas)

Nährwert: Eiweiß –, Fett –, Kohlenhydrate 2 g, Kalorien 15, Joule 63.

150 g Tomatensaft (1 Glas)

Nährwert: Eiweiß 2 g, Fett –, Kohlenhydrate 6 g, Kalorien 32, Joule 134.

$^1/_4$ l Trinkmilch mit 3,5 % Fettgehalt

Nährwert: Eiweiß 9 g, Fett 9 g, Kohlenhydrate 13 g, Kalorien 165, Joule 690.

$^1/_4$ l Buttermilch

Nährwert: Eiweiß 10 g, Fett 3 g, Kohlenhydrate 10 g, Kalorien 90, Joule 378.

175 g Joghurt aus Trinkmilch ohne Früchte (1 Becher)

Nährwert: Eiweiß 9 g, Fett 5 g, Kohlenhydrate 11 g, Kalorien 137, Joule 573.

175 g Magermilchjoghurt (1 Becher)

Nährwert: Eiweiß 9 g, Fett –, Kohlenhydrate 11 g, Kalorien 75, Joule 314.

175 g Joghurt aus Trinkmilch mit Früchten (1 Becher)

Nährwert: Eiweiß 5 g, Fett 5 g, Kohlenhydrate 25 g, Kalorien 165, Joule 691.

250 g Kefir (1 Becher)

Nährwert: Eiweiß 8 g, Fett 8 g, Kohlenhydrate 7 g, Kalorien 150, Joule 628.

1 Tasse Fleischbrühe

(1 gestrichenen Teel. Instant-Fleischbrühe = 3 g mit knapp 1/4 l heißem Wasser aufgießen)
Nährwert: Eiweiß 1 g, Fett –, Kohlenhydrate –, Kalorien 5, Joule 22.

1 Portion Pellkartoffeln (200 g)

Nährwert: Eiweiß 4 g, Fett –, Kohlenhydrate 30 g, Kalorien 136, Joule 570.

1 Portion Salzkartoffeln (200 g)

Nährwert: Eiweiß 4 g, Fett –, Kohlenhydrate 38 g, Kalorien 170, Joule 712.

1 Portion Kartoffelknödel
(2 Stück aus 55 g Kartoffelknödelmehl)

Nährwert: Eiweiß 3 g, Fett –, Kohlenhydrate 42 g, Kalorien 185, Joule 776.

Kartoffelpüree

zubereitet aus 1 Packung Püreepulver von 125 g mit 1/2 l Wasser, 1/4 l Trinkmilch und 10 g Diätmargarine oder Butter

Nährwert pro Person: Eiweiß 5 g, Fett 5 g, Kohlenhydrate 28 g, Kalorien 172, Joule 719.

1 Portion Vollreis
(50 g, roh gewogen)

Nährwert: Eiweiß 4 g, Fett 1 g, Kohlenhydrate 37 g, Kalorien 185, Joule 776.

1 Portion polierter Reis
(50 g, roh gewogen)

Nährwert: Eiweiß 4 g, Fett –, Kohlenhydrate 40 g, Kalorien 184, Joule 770.

1 Portion Teigwaren
(Spätzle, Hörnchen und so weiter, 50 g, roh gewogen)

Nährwert: Eiweiß 6 g, Fett 1 g, Kohlenhydrate 36 g, Kalorien 195, Joule 816.

Rezept- und Sachregister

Literaturnachweis

Kasper, H.: *Krankenernährung, Grundbegriffe der Ernährungsphysiologie und Diätetik,* München 1973

Brügel, H. (Hsg.): *Ernährungsprobleme bei inneren Krankheiten.* 20. ärztlicher Fortbildungskurs in Bad Kissingen vom 12.–13. Mai 1973. Im Auftrag der Bayer. Landesärztekammer, wissenschaftl. Leitung Prof. Dr. med. H. A. Kühn, Würzburg. Stuttgart/New York 1973.

Kommerell, B.: *Gegenwärtiger Stand der Leberdiät.* Vorträge bei der Fortbildungstagung f. Diätassistentinnen und Ernährungsberaterinnen, Heidelberg 1972.

Gesundes Leben durch richtige Ernährung. Weltgesundheitstag 1974. Bundesvereinigung f. Gesundheitserziehung e. V. 1974, Bonn.

Bircher J. und U. P. Haemmerli: *Diättherapie bei gastroenterologischen Erkrankungen,* Versuch einer kritischen Stellungnahme. Schweizerische medizinische Wochenschrift 97 (1967), Nr. 50, S. 1687 ff. (Sonderdruck)

Heepe, Fritz: *Die Vitamine in der Diät- und Küchenpraxis,* Darmstadt 1961

Kleine Nährwerttabelle der Deutschen Gesellschaft f. Ernährung e. V., 24. Auflage. Zusammengestellt v. Prof. Dr. W. Wirths, Max-Planck-Institut f. Ernährungsphysiologie, Dortmund. Frankfurt a. Main 1973.

Nährwertbroschüre, Union Deutsche Lebensmittelwerke GmbH, Public Relations, 2 Hamburg, 2. Auflage 1973.

Souci, S. W. und H. Bosch: *Lebensmitteltabellen für die Nährwertberechnung,* Stuttgart 1967.

Schall, Hermann: *Nahrungsmitteltabelle,* 18. Auflage, Leipzig 1962

Wirths, W.: *Calorie-Joule.* Verbraucherdienst, Bundesausschuß f. volkswirtschaftliche Aufklärung e. V., 5 Köln 1, Sachsenring 38, Ausgabe B, 18. Jhrg. 1973, Heft 8.

Jahnke, Karl: *Gesünder leben durch Diät,* Ausgabe 1972. Im Auftrag des Bundesministeriums f. Jugend, Familie und Gesundheit. Bonn, hsg. vom Bundesausschuß f. volkswirtschaftliche Aufklärung, Köln.